遇恒·牵情

——姜育恒首部人生自传体力作

李凤凰　姜育恒　著

新世界出版社
NEW WORLD PRESS

图书在版编目（CIP）数据

遇恒·牵情 / 李凤凰，姜育恒著.-- 北京：新世界出版社，2015.11

ISBN 978-7-5104-5470-7

Ⅰ.①遇… Ⅱ.①李… ②姜… Ⅲ.①姜育恒—自传 ②李凤凰—自传 Ⅳ.① K825.76

中国版本图书馆CIP数据核字（2015）第259630号

遇恒·牵情

作　　者：李凤凰　姜育恒
总 策 划：姚劲华
选题策划：许　挺
责任编辑：丁　鼎　周　帆
责任印制：李一鸣　杨　迪
出版发行：新世界出版社
社　　址：北京西城区百万庄大街24号(100037)
发行部：（010）6899 5968　（010）6899 8705（传真）
总编室：（010）6899 5424　（010）6832 6679（传真）
http://www.nwp.cn
ttp://www.nwp.com.cn
版权部：+8610 6899 6306
版权部电子信箱：nwpcd@sina.com
印　　刷：北京京都六环印刷厂
经　　销：新华书店
开　　本：787*1092　1/16
字　　数：189 千字　印张：14
版　　次：2015年11月第1版　2015年11月第1次印刷
书　　号：ISBN 978-7-5104-5470-7
定　　价：45. 00 元

（姜育恒私家珍藏相册）

青春岁月

우일전자

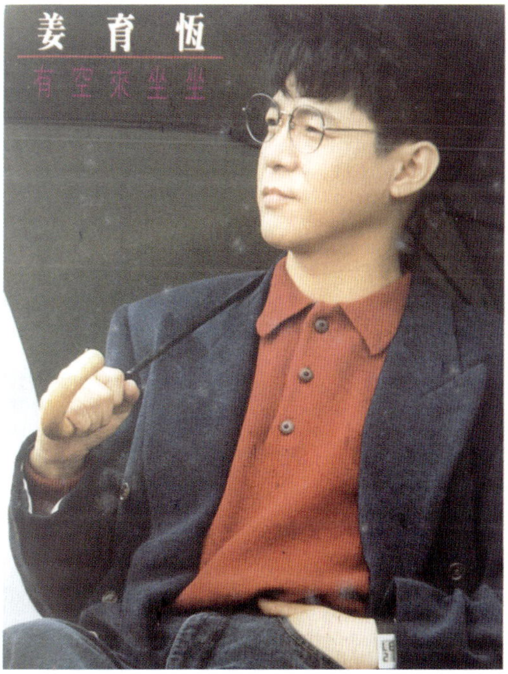
姜育恆
有空來坐坐

姜育恆
有空來坐坐

爱的痕迹

B & M

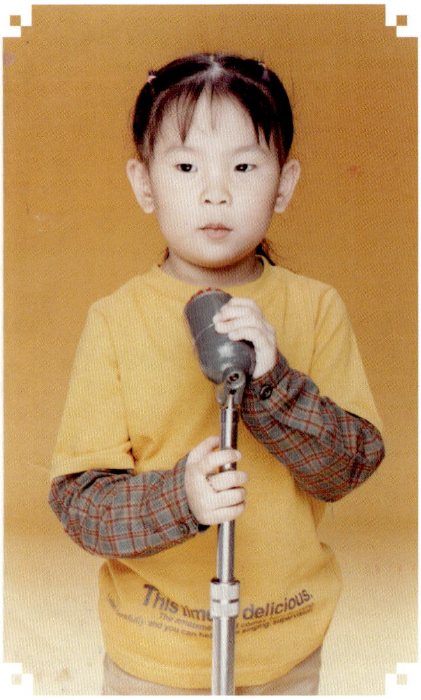

告别三十

代序　爱的痕迹·再回首

再回首恍然如梦，

再回首我心依旧。

听到这两句歌词，我们自然想到了一个人——姜育恒。

喜欢他很早，见到他很迟。即便如此，《梅花三弄》的缘却让我们一见如故，亲如兄弟。

一见如故：能让两个老男人在镜头前夸张地相拥吻脸！

亲如兄弟：能在我需要力量的时候，只要他在，他一定站出来！

我和姜哥同在上海星时代全明星高尔夫球队，而每次活动赛事他总是被人们关注，大家希望他剪彩，惦记他唱一首《再回首》或能不能再来一首《驿动的心》。他知道朋友们喜欢他的歌，有的时候他很高兴，有的时候他很疲惫，有的时候很无奈，但是最终，他每次都会为喜欢他歌声的朋友站起来唱上一曲。

这是个靠谱的朋友、兄长。

这是个替朋友分忧的姜育恒。

这是个在歌声里能听到你的人生和他的人生的姜育恒。

这是个请你在饭店吃饭还要亲自动手，布这个菜、那个面，一顿料理让你吃得欲罢不能的姜育恒。

这是个能在他的MV中看到自己婚礼的姜育恒。

哥哥，全世界就你牛，KTV里都能看到自己的婚礼。

因为高尔夫，佟瑞欣和姜育恒成了知己，因为是知己，我们会在姜哥和凤姐刚刚下飞机，就相约两个家庭在飞机场最近的球场打球，走他四五个小时，当然少不了一杯酒!

凤姐说:“你和夏菁为我和姜哥的书写个序”。谢谢你们给我和夏菁的这个荣幸！虽然我的家庭也被认定是和谐模范家庭，可是每次看到凤姐为姜哥擦汗，无论演唱会还是平日，我们都会感动而又感叹。我问过夏菁:“你为什么不给我擦汗，你看看凤姐！”她说:“是啊！凤姐比我做得好，是我的榜样！”凤姐做的一切，成了许多太太们的楷模，就像书中她将自己宝贵的经历分享给所有喜欢他们的朋友，了不起!

凤姐，就写到这里，留着未来我们打球散步的时候慢慢聊吧！希望以后你还能像过去一样在别人让我喝酒时，站在我身边说:“我替瑞欣喝，他不会喝！”

佟瑞欣/夏菁

2014年11月11日于上海

目录

Contents

姜育恒自述：

我的音乐人生

第一章　爱我·孤独之旅

这一辈子，有两件事是我最骄傲的。

在家，有贤妻娇儿，温暖心田；在外，有朋友知己，倾诉衷肠。

从韩国到中国台湾，用现在比较流行的词来说，我是“台漂”，像现在的年轻人一样，带着梦想上路，尽管相信自己，却不知道美好未来何时到来。

年轻时，一无所有，幸遇小凤陪我度过最初艰难的日子，也幸运地结识了一些欣赏我的朋友。我能顺利进入歌坛，要感谢我的朋友洪伟明，他年长我一些，我叫他大哥。

洪大哥知道我喜欢唱歌，给我介绍了光美唱片宣传部经理苗秀丽。当时，我并不觉得认识一个唱片公司的人，就能轻易地进入唱片公司。人生就是这么奇妙，没想到苗秀丽竟然是我的老乡，我们都是山东胶东人。他乡寻梦恰遇乡音，人生幸事。

或许因为是老乡，我与苗秀丽的聊天很愉快，最后跟她约定了试音的时间。就这样，1983年年初，我经历了音乐人生的第一次面试。

按照约定时间，我来到光美唱片公司，苗秀丽把我推荐给了时任光美唱片制作部经理于忠敏。意外的是，他竟然是我的学长，和我一样都是韩国华侨。

后来，他们都成了我的朋友，但当时他们确实是我的面试官，而我却不清楚要怎么做。录音室有很多伴奏带，我试唱了两首：《牵不到你的手》《恋曲1990》。试唱结束后，他们对我说，一周后试拍，要看拍照效果。试拍后，又说，一周后可不可以签约。

一切都很顺利却又很平常，就和普通职员面试一样，光美也没有表现出特别的热情，而对我来说，能够进入唱片公司，也算不错。

很久以后，我才知道，他们很器重我，觉得我会红，但要等到一首好歌才合适。于是，一直等到林渊豪和他带来的《爱我》。

正如歌名《爱我》，因为这首歌，很多朋友知道姜育恒，爱上我。我们圈内有个专业名词，叫作“打歌”，那段时间，电视台、电台循环地推荐这一首歌，集中进攻，疲劳轰炸。只要提到姜育恒，就是这一首歌。

关于《爱我》，有一段非常有意思的故事。《爱我》MV的导演叫于凯尔，他还有一个身份是教师，他在课堂上，经常讲我的故事给学生听。而当时的我，却做他的兼职司机。

因为制作经费不足，我们要去台湾南部拍摄，一路行一路拍，非常耗费成本。我们租了一辆车，没有司机，我只好做兼职司机。

这一路行驶，于凯尔并没想好怎么来拍我，专辑名叫《孤独之旅》，而主打歌曲却是《爱我》。我们一路开到垦丁公园——一个海景公园，可以下水游泳。在公园的一角，有一个临海的悬崖，因为无所事事，无聊的我拿了一把吉他，坐在悬崖边轻轻地弹唱。

于凯尔看到这个画面后，欣喜地说：“这就是我要的姜育恒，代表的名词叫孤独。”《孤独之旅》这张唱片，有一首同名歌曲，整张唱片也标榜“孤独”。

最后大家看到这样的一幅唱片封面照：海风拂面，一个只能看到侧脸的男人，穿着风衣，抱着一把吉他，目光深沉地凝望着大海，男人的孤独与大海的澎湃相互映衬，他轻唱着：“尤其在人海沙漠，至少有个人寄托。”

孤独的人说爱我，让人动容。就这样，这首歌一炮而红。

第二章　最后的温柔·驿动的心

《爱我》让很多人知道了姜育恒这个名字，但除了大学生，社会上很多人并不知道我长什么样子。所以第二张唱片《最后的温柔》的主要宣传方式就是“打人”，与“打歌”不同的是，“打人”主要集中在个人信息的曝光。“打歌”主攻的是电台，这次的主战场是电视台，因为有《爱我》这首歌作为基础，与很多新人不同，大部分电视台都比较欢迎我上节目。

那段时间，我参加了很多节目的录制，大部分朋友这才知道我长什么样子。因此，歌红人也红了。

但让我有些发愁的事情也来了。很多歌迷给我写信，刚开始我还会回复，可后来信越来越多，回信分散了我太多的精力。当时的媒体也封我为“实力一半偶像一半”，而我并不想做偶像。做偶像很累，需要花费很多时间，我只想专注于音乐。所以在制作《爱我》的时候，不管有没有我的事，我都会到录音室，在旁边看，学着怎么做。

一般来说，刚红的歌手，没有自己做唱片的机会。恰好，有一个机会，我跳槽到另一家公司——凯莉。凯莉的老板是我的好朋友苗秀丽，去她那边的唯一条件，就是我的唱片由我自己来制作。

我亲手制作的第一张唱片是《驿动的心》，李子恒是我的助理。而在制作了五六张专辑后，就全部交由他来操作了，而我会在选完一些歌后，负责开会。我们的感情也是那时候慢慢建立起来的。

说起《驿动的心》，就不得不提梁弘志和我少年时的一段经历。我把我的故事讲给他听，他写了这首唱给漂泊浪子听的歌。

我的高中生涯，最深的记忆，总是在旅途中。那时家里不是很富有，我只好兼职打工，赚些零花钱补贴家用。那时候，我需要经常去首尔，一待就是一两个月，在餐厅里住着，开学后，又要回到学校。来来往往，离开家乡，一个人在路上，有些迷茫，有些忧伤，所以才有了后来的歌词：曾以为我的家，是一张张的票根……

因为到处流浪，我很能体会孤独旅人的感觉。一个人坐在列车上，看着车窗外倒退的景色，情感之弦会变得特别敏感，所以很多经历也记得很清晰，现在想来，仍如昨日。

梁弘志写出了我的故事，我唱出了漂泊的心声，也引起很多朋友的共鸣。每个在外打拼的人，都会有这种漂泊感，漂泊的人，才懂温暖靠岸的珍贵，这就是《驿动的心》。

“路过的人，我早已忘记；经过的事，已随风而去；驿动的心，已渐渐平息……”

第三章　跟往事干杯·最后一次等待

每个人都有一段年少轻狂的时光，那时，不经意间留下的伤害，得等到多年以后才明白那是伤害，却再也没有机会对那个人说抱歉。这是成熟，也是遗憾。

在韩国，我做过DJ。韩国的咖啡屋都会有一个角落，叫MUSIC BOX，很受年轻人欢迎。因为可以点歌，所以都会有一个DJ坐在那里播放歌曲，与顾客交流。我做过一段时间这样的DJ，接触了很多不同类型的歌曲。

顾客的口味不同，点歌的类型也各不相同，西洋歌、韩国歌，流行的、怀旧的……都会有，作为DJ，我必须学会很多歌，才能够满足顾客的需求。

我很擅长用麦克风，在那个时候，我就想怎样靠讲话的声音，写一首歌说出那个故事。所以，当我开始制作自己的唱片时，我再次想到这样的方式，于是我找了一个好搭档——陈慧珠。

慧珠是一个作词人，文笔很好，《跟往事干杯》和《最后一次等待》都是她作词的作品。我把故事讲给她听，她作词，我作曲，就这样，别具一格的《最后一次等待》面世了，从前到后，都是口白。第一次，歌曲是用口白的方式来表达。

这是我年轻时在韩国的故事，与爱情有关，却有很多遗憾。少不更事，说话没有顾虑，在跟韩国初恋女友分手的时候，我说了很多有些过分的话，事后才意识到伤害了她。这或许是大部分年轻人都会有的遗憾，一旦错过便再没有机会，哪怕只是轻声说一句抱歉。

这是为她写的一首歌，用一种等待的心情，希望能够再见到她，又不知道怎样见到她，但我觉得该给她一个交代。我不知道用这种方式，是否能够弥补当时对她的伤害，或许，时间早已将年轻的伤口抚平，但许多年过去后，些许惦念，该说出口。

人的一生，最好的时光是年少时，最纯的爱恋是年轻时爱上一个人。她，是我的初恋，最初的爱人，是我青春最难忘的时光。

轻声说出的话语，是最后一次等待的成熟，亦是我遗憾多年的心声。大概每个人，都有一段年少时想说却没来得及说的话，想再问一句：“你过得好吗？你快乐吗？……”

《最后一次等待》受到了很多朋友的喜欢，口白这种表达方式，也成为我的一个标签。

第四章　回首来时路·昨日梦已远

你很难知道，人生的下一站，将是什么风景。刚开始做音乐，是因为喜欢、执迷，后来才渐渐地能靠唱歌换些收入，实际上我也不知道未来将是什么样子。

很多人说，我唱歌很容易让人感动，后来我懂得了录音、制作，也坚持唱歌诚恳度一定要够，所以我就期许自己，每首歌都要用心唱。

从曲风方面来讲，我的曲风跟韩国有关。韩国和中国台湾的很多曲风都来自演歌，演歌源自日本，因为曾被日本占领过，所以韩国歌曲中小调很多。那些歌通常唱起来很凄凉，所以我的歌唱起来就很悲，然后很多人就会有共鸣。此外，我的曲风还融合了台湾的歌、华语歌曲，我是好几种音乐合在一起的。

另一方面，我的歌曲还跟我的个人经历有关。我们在台湾是这样形容的，没有在外面跑过场子——就像我们在外面这样，在民歌餐厅里唱歌——没有这样过程的人不叫会唱歌的人。比如你每天要唱三个场子，你要唱很多歌，也会唱别人点的歌，流行什么人家就要点什么，然后你就要学啊，所以你要会各种不同的歌，这就是经验。你唱多了，唱习惯了，就掌握了自己的习惯。学院派是在学校里学的，没有在外面跑的经验，很多东西是不知道的。

对于任何事情，回过头看，我总是心怀感激，人生的任何一种经历都是财富。尤其是跑场子的那段时间，让我接触到很多人，也更能把握什么样的东西能让人感动。

也正是这些经验，丰富着我，直到《爱我》《驿动的心》走红。在我的音乐生涯中，我要感谢三首歌，第一首是《爱我》，第二首是《驿动的心》，这是我进入凯丽后合作的第一张专辑，红到我都觉得幸福来得太快。那时候一张专辑出来，十几二十万张，很快就卖光。

第三首就是《再回首》，再次走红，我也有了自己制作专辑的能力。那时刚好有一部电影，电影的导演叫林金杰，他是台湾拍校园电影的鼻祖。林金杰找上我，让我演一个老师，那是我的第一部电影，电影的名字叫《隔壁班的男生》。他们希望我唱主题曲，因为是校园电影，主题曲就比较校园化。然后我就写了曲子，在飞碟唱片时，我们是铁三角，陈乐荣作词，陈志远编曲。

现在想起来，真的很奇妙，从跑场子的歌手，到当红歌手，再到演员，人生兜兜转转，已经进入了一个自己都未曾想到的旅途。

第五章　多年以后·再回首

跟我差不多同时出道的有齐秦、童安格。齐秦在《什么时候》这张唱片里面帮我写过歌，但是没有打歌。童安格也帮我写过歌，那时候童安格的《其实你不懂我的心》已经红了。他帮我写的那首歌叫《一世情缘》，关于里面的旋律，安格曾跟我讲，他以前看过一部电影，是一个出殡的戏，韩国电影里面有唢呐，他就听到一个调，只有五个音，他就用这五个音，只用这五个音的灵魂，给我写了首歌。一首丧礼的旋律，完成了《一世情缘》，所以那时候，《驿动的心》红了，《一世情缘》红了。然后我就差不多能保证八个月一张唱片，平均两年三张。1988年6月出了《跟往事干杯》，1989年6月出了《再回首》。《再回首》是真正奠定我华语乐坛地位的最重要的一首歌。

1990年，我被邀请上春晚，那时候我们连春晚是什么都不知道，台湾不叫春晚，节目很多，每年都换名字。大陆是因为中央电视台主办，每到过年大家习惯性地看春晚，而台湾没有春晚的概念。

当我们接到春晚邀请我上节目的要求时，我只当成那是一场比较大的晚会，并没有什么特别的概念。节目组给我安排了最好的时段，大约在22点多。演出完之后，我下了台，有人跟我说："姜大哥，你知道有多少人看你吗？"我说不知道，他说七亿五千万。

我顿时就被吓到了，七亿五千万，这是一个什么概念，要知道当时春晚的收视率能达到60%~70%。因为《再回首》，因为春晚，我在大陆一炮而红。可是我们住在台湾，对于在大陆红不红没有概念。这几年进入大陆后，还听到他们形容我的歌当时在学校是如何风靡一时，把那种盛况形容给我听，哇！我才知道，原来是这样子。

而当时的我却没有什么变化，继续做我的唱片。其中有一些是翻译歌，像《再回首》，原唱是谁可能很多朋友都不知道。香港有一首歌叫作《凭着爱》，是跟我同时代的歌手苏芮的成名曲，她也是飞碟的。那个时候，我们已经准备转投华纳了，华纳是全球性的唱片公司，香港有香港的华纳，台湾有台湾的华纳。因为苏芮会讲广东话，所以她就出了一首粤语歌，叫作《凭着爱》，红了，作曲是卢冠霖。《凭着爱》就是《再回首》。

《凭着爱》红了，唱片公司做了一版国语版，叫作《再回首》，把歌放在一部叫作《富贵列车》的电影里面当主题曲，还出了电影原声带，但是没有被注意。然后呢，唱片公司拿给我，说这首歌很好，你愿不愿意唱。我说好。

依我分析，这首歌男声唱比女声更适合，那个沧桑感，比较能出得来。所以，苏芮没有唱红《再回首》，也很少有人知道苏芮唱过《再回首》。

那时候这种情况还挺多的，比如《一世情缘》，后来童安格又把它收录到自己的专辑中去，唱了一版自己的《一世情缘》，所以有些人知道童安格唱过《一世情缘》，但也都知道原唱是我。

再比如《驿动的心》原唱是我，在香港不叫《驿动的心》，叫《祝福》，叶倩文唱的，也唱红了。因为我们都是飞碟的人，所以唱红的歌，都拿到香港去。

第六章 想哭就哭·我还有梦

《跟往事干杯》

那时候我拿到一首叫《干杯》的日本歌，歌手叫长渕刚，长渕刚在日本被定义为很有才华的人。

《干杯》在日本什么用途呢？婚礼必唱的一首歌。公司有个副总，跟我很亲，他跟我说，姜育恒，我找到一首歌，你要不要唱。我说，好啊。一看是婚礼的歌，这在台湾不行啊，因为文化不一样。

我找来了陈桂祖给我写词，讲我作为男人的心情。酒，其实不喝也没问题，可因酒引起的共鸣很多，酒只是一个工具，是个媒介。我说好，就朝着酒的方式来弄，最后这首歌叫《跟往事干杯》，其实讲的是朋友，因此也赢得了很多朋友的共鸣。

所以，《跟往事干杯》，是翻译歌，是日本歌。

《戒烟如你》

《再回首》这张专辑制作完了之后，我下一张专辑叫《想哭就哭》，这也是一首翻译歌，也是日本歌，掘内孝雄原唱。这首歌我也是跟陈志远、陈乐荣合作。

我几乎都是让陈志远编曲，在我们做《驿动的心》的时候，我就弄了一个朗读比赛，用什么音乐呢，《最后一次等待》。然后，《最后一次等待》受到关注，这首歌太特别了，从前到后没有一句唱的，因此我的灵感又来了，我这次需要做的是，4/5的口白，最后8小节用唱的。

“或许/你就像烟/无孔不入/无处不在/无法捉摸/总是在你的眼里/看到那个被遗忘的自己……”

这首歌叫作《戒烟如你》，是我自己谱的曲。这首歌，是我所有歌曲里面，最喜欢的，讲的也是自己。这一段故事，很多人不知道……

我是一个很念旧的人，跟我做朋友很多都是几十年，跟我工作也是，很多人都是从一开始到现在。我以前抽烟很凶，现在戒烟三年多了。我曾经一天三包，重点不是烟，烟只是媒介而已。因为我是一个歌手，我去哪儿，我的音乐也会如影随形，这叫无孔不入。

戒烟容易，烟要放下很容易，但戒你太难。是这一个女孩对我的形容……

在大陆，很多人都知道这首歌，很多人非常喜欢这首歌，我很讶异。那是真正的我的歌迷。你们很难想象，那天在台上，70后的掌声、60后的掌声……70后听我的歌是在初中时期，60后的不是在高中就是在大学时期。我老婆是1961年出生的。这首歌就跟我们写故事一样，前面一直在压抑，到后面情感爆发。所以我设计的这个演唱方式，很多人听了，就很有共鸣。《想哭就哭》也红了，但那张唱片最受瞩目的，还是《戒烟如你》。

《有空来坐坐》

那时候哪里是唱歌，就是抢钱了，歌迷们疯抢我的新歌，根本不需要什么宣传。姜育恒，就是品质保证。所以我们当时就弄了一个《心歌1》《心歌2》，这在当时就叫作“口水歌”，唱别人的歌。然后，《一个人》《有空来坐坐》……

那时候很感慨，人如陀螺，为各种事情忙碌，经常不在家，更是很少见到朋友。我本来住在台北，后来又因为做别的事情，跟朋友的聚会就更少了，这是另外一种孤独感。

我将这种心情，跟李子恒聊了聊，他也很有感触，于是写出了《有空来坐坐》这首歌。“窗外/车水马龙/我的朋友们/想必也在里面穿梭不息吧/而生活又不情愿只有一种感觉而已……”

所有的歌，都是有典故的，我的素材就是生活。因为有了《最后一次等待》，所以就有了《戒烟如你》，有了《戒烟如你》，所以就有了第三辑的《有空来坐坐》。

《有空来坐坐》以唱为主，但还是有口白，口白两成多。然后接下来的第四辑，叫《梅花三弄》，最终大家听到的那段口白，是制作方要求一定加上的，从某种角度上来讲，这在当时已是一种流行。

第七章　梅花三弄·天天等天天问

《梅花三弄》之后，我出了一张韩国歌专辑。我有一个朋友叫吴楚楚，我们叫她蜈蚣，她说我们去韩国玩，你把你的歌整理一下，你的伴奏带是现成的，我们节约成本，就找韩国歌词填进去，去韩国一趟。我说好啊。

所以我就用我的一些歌曲，找一些韩语填词人，弄出来了一张韩语专辑。韩国也有华纳，我第一次满怀期待地过去，最终效果却不怎么理想。韩国华纳资金紧张，没有什么宣传费，我只能参加几个电台、电视台节目，结果可想而知了。这张专辑，除了一两首别人的歌，大部分是我的歌。

这张专辑做完后，我又做了一张专辑，叫作《痛快的歌》。还是我自己制作，陈志远一直跟我合作。在这张专辑里他写的歌叫作《天天等天天问》，由我和叶欢合唱。这里面还有梁弘志、李子恒的作品。

《哭过笑过爱过》也是我很喜欢的一首歌，是陈志远谱的曲，陈乐融写的词。《天天等天天问》这张专辑在台湾卖得很好，为什么我在这张专辑中的造型要戴墨镜，因为当时我是眼镜品牌的代言人。

然后我又在飞碟公司出了四张专辑，那时候叫INHOUSE，我是内部的，没有跟其他制作公司合作。我直接跟飞碟领钱就对了，过去是凯丽跟飞碟领钱，是这样一个关系。

其实那个时候，我的心思已经不在唱片上了，我很少出去做宣传，当然不做宣传，成绩还是会有的。一直做到《两个永恒》。这张专辑是我跟李子恒合作的，我全部唱他写的歌，李子恒给别人写的所有的歌，我来挑，挑出来我唱。这张专辑后来评价非常高，里面有《牵手》《飘》《情难枕》，然后我就换了家叫8866的唱片公司，第一张专辑叫《女人的选择》，里面挑的歌是韩国歌曲，都是精选，《女人的选择》红了，很红很红。然后又发了一张叫作《爱我你怕了吗》。这是我的第二春、我的再出发，两张唱片都有很好的成绩。

然后就弄刘家昌的歌，当时刘家昌所有歌曲的版权都在8866手上，我又是从韩国过来的，刘也是从韩国过来的，他是我的"直属"的前辈，所以我们就翻唱了刘家昌的两张专辑，专辑完成后，我离开了8866，想自己做专辑。

第八章　爱的痕迹·一世情缘

有一天，我得到一个消息，陈志远得癌症了——大肠癌。我马上打电话给陈志远老婆，她叫咪咪。我说咪咪，我可以做什么。她说不用啊，没那么严重，你可以找陈志远写歌啊。

然后我说，陈老师还在写歌吗？她说有呀。她说，她听过陈志远说，这首歌最适合姜育恒唱，我找找看，了解一下有没有卖出去。

两天以后，我就拿到了DEMO（小样），他们把DEMO送过来，送过来我一听，非常喜欢，就马上找李子恒。陈志远写曲有一个习惯，一张A4纸上面只有他看得懂的标题，然后是旋律，我们看到旋律上面，写了个LOVE，又画掉了。

半夜两三点的时候，李子恒给我打电话，他说："我想到歌名了——《爱的痕迹》。"不是写了个LOVE，然后画掉吗？这样便叫作了《爱的痕迹》。

我就跟李子恒讲，你要体会陈志远的心情，人在生病的时候是最脆弱的……

我有一次在上海，听到一首歌。那天是因为什么，谈到了谷建芬。我有个朋友认识她，他说她有首歌叫作《烛光里的妈妈》。我听的是毛阿敏的版本，但是谷建芬的版本，编曲速度对我来讲不合适。

我很喜欢这个歌词，妈妈在我十八岁时就过世了，我一直没有机会报答她。直到今天，最有资格、最有权利享受我成功的就是我妈妈。我是老幺，我爸爸有两个老婆，我妈妈是小老婆。因为某些缘故，妈妈当时很辛苦，我的学费是借来的，姐姐读到高一，就不念了。妈妈说，你们男孩子至少要读到高中毕业，我的学费都是妈妈借来的，她做的事儿很多，很辛苦。她那么早过世，我没能够好好孝敬她，我觉得她应该享受我所有的成功才合理，她辛苦一辈子，可是那么早就过世了，令我没有机会来报答她。

所以我选这首歌的歌词，而不是选她的旋律。我不会唱毛阿敏那个版本，重新编曲，当然很好弄，你的速度决定这首歌的风格。

歌曲是有速度的，速度九十几、一百几就是快歌，速度变了，就是另外一种味道。所以这一张唱片的内容就是拍我们家的照片。我用家庭的概念来设计这张专辑《爱的痕迹》，有妈妈的歌，还有关于老婆的歌，叫作《家后》，“家后”是闽南话太太的意思。

另外一首歌，叫《你是我的左心房》，是唱给女儿听的。人啊，有两个心房，缺一不可，所以这首歌的MV也是我跟女儿拍的……

第九章　我和我的朋友·一如往昔

几年前，我就在想，在整理我的人生。钱赚了不少，也弄掉了不少，我没有物质欲望，住什么房子都不重要……生命中有两个重要的女人——我的太太、我的女儿，其他还能再需要什么！然后我就在整理我的人生，我最大的财富是什么？朋友。

2011年的时候，我编了一条短信，短信的内容是："2011年3月3日，晚上6：30，××餐厅我希望看到你的身影。"我总共发了120多条短信出去，那天来了119个人，有纽约来的，有印度来的，没有人知道为什么要来。

很多人不知道来干吗，在上海莲花路华纳时尚酒店。为什么放在上海，因为在上海我有很多资源。很多人都不知道为什么要来，来了才知道，那天是我跟我老婆的结婚纪念日。

所以安排的节目有3月3日的结婚视频，我给它取的名字叫《我和我的朋友》。

另外，大陆有个男歌手唱了一首《朋友》，整个加进来太长，华健的《朋友》太经典，再写一个超越这个，难度很高……所以我搜了所有的《朋友》，就选了两首，华健的《朋友》跟泰源的《朋友》，合在一起，叫作《我和我的朋友》。

这就是我想的主题。当时，有两个没来，刚好有人带了两个来，正好补上。

那晚来了很多人，丹东来的、延吉来的……你看到的那些画面里，真的全是我真正的好朋友，我是真的朋友满天下，我很骄傲。

那个时候，我们不知道有些人来不来。下午三四点的时候，我的工作人员说，大哥，十二桌会不会太多了，我说，你放心你放心，其实我心里也没底。

没想到最后，都来了……很开心。那天晚上大家都很开心，华纳下面有一个KTV，总共有四个房间，四个房间我全部包下了，让他们玩，每个人都玩得很开心。

我是个很念旧的人，很多人跟我做朋友很长时间了，我的工作人员也一样，都是跟了我很久。这些乐队抢着跟我，我没有把他们当乐队，而是把他们当音乐人，很礼遇他们，所以我们成了好朋友。他们从台湾出来，从他们家到机场，都有人专门负责接，下飞机回到台湾，也会有很好的车把他们送到家。礼遇他们，让他们感觉很受重视，谈钱也不啰唆，只会多给不会少给，这是我与他们的相处之道。

在录制新唱片《惦记着一些》时，我在想我能够为别人做些什么，同时还能满足我的音乐追求，所以我制作了《武当寄情》。好像没有一首歌能够代表武当，有人做过，但不是很好，我就想试试。做出来后，我喜欢得不得了。

惦记这些，是因为我是真的舍不得他们。“是否该结束，还是要继续，虽没有你的梦，也会有我的歌。”

就是这几句，代表我跟歌迷的心情。很多人是因为某些歌跟我结的缘。我的歌对很多人来说，代表着励志，抚平了很多人的创伤，那些点点滴滴，他们知道我知道……所以《惦记这一些》是这样来的。

这么多年来，我是真的感恩他们，但再用心写，也写不出来感恩的心了，所以我就翻唱别人的，这首歌是陈志远写的。

人生到这个阶段，需要一些改变，很多矫情的话，很难说出口，幸好还有音乐……

小凤姐自述：

我和丈夫姜育恒

第一章　爱恨·痛

1.我和你隔着万人相遇

我和你隔着万人相遇　我和你从陌生到熟悉

我和你越过多少距离　才能够相知又相惜

……

跟着姜哥这些年，我养成了听歌的习惯，且每每都能从音乐中找到自己的故事，不经意间勾起些许伤感。弹指间，我和姜哥已经走过33个年头，从怜惜到相爱，有甜蜜有伤心，经历过人生巅峰，也曾跌入无尽深渊，又在遥遥不知归期的日子里等待了13年。人生的酸甜苦辣悲喜离合我们都经历过了，而今携手同行，坐看云起云舒，过往如同一夕梦境。回首时，伤痛也是快乐，苦涩亦是甜美，一切心酸全部化为感恩，感谢苍天让我们两个在茫茫人海中相遇，感谢你在千万人中选择了我，感谢你几十年来紧紧相牵，感谢你为了我一点一滴的改变。

当你自韩国远赴台湾时，你可曾料到会遇见我？当我们在同一家酒吧工作时，你可曾想到会爱上我？当你为我写歌作为生日礼物时，你可曾预见我们这一次的携手竟是一生？人生中遇到千千万万的人，偏偏只深爱这一个，寻寻觅觅许多年，原来只是在等你。也许你不是最好的，但一定是我最爱的，哪怕你穷困潦倒，哪怕你一无所有，我依然爱你，什么时候爱上的，谁又能说得清楚。这大概就是所谓的缘分吧！

我们的第一次相遇是在1982年，21岁是多好的年纪，那时的我还在一家韩国人开的酒吧做会计。一天，店里来了一个背吉他的男生，他个子不高，非常清瘦，一头及肩长发，破旧的牛仔裤诉说着他的落魄。他沉静地落座，轻拨琴弦，美妙的旋律在指间流淌，忧郁的歌声令人心灵悸动，那一刻，时间的轮盘戛然而止，只有音符依然在跳动。这个有些特别的男人，连同这触动心灵的音乐，悄然拓印在我的心上。

他叫姜育恒，韩国籍华裔，祖籍山东，只身赴台是因为此时正是台湾流行音乐的黄金时代，对于一个执着于音乐的人来说，这也许是一个机遇。在我遇到他时，他还是一个名不见经传的小歌手，四处奔走讨生活，那天，凭着一曲《牵不到你的手》，他被老板留了下来。

我承认这个男人的歌声令人震撼，但一见钟情这种事，我从来不相信。相貌平凡的我也没有得到他过多的关注，没多久，他喜欢店里另一个女生的事就不再是秘密。爱美之心人皆有之，美丽的容貌是上天的恩赐，漂亮的女人总是可以得到男人更多的关注，然而当一个女人沉浸于自己的美貌之中，忘记修炼内心的涵养，那么男人的爱只能是昙花一现。这是我的认知，也正是因为自知相貌并不出众，所以我更加注重修身养性。也许我无法让一个男人对我一见倾心，但如果他愿意了解我，我的言谈举止可以令他刮目相看。

只是此刻我和姜哥还是两条不相交的平行线，他喜欢的人不是我，我对他也没有任何想法。也许人生就是要百转千回才会比较深刻，所以才会安排我们戏剧性地牵手。

1982年12月，再过几天就是圣诞节，每逢这个时候，大家都会举办聚会，邀请朋友们到家中小聚。直到今天，我仍然怀疑姜哥举办那场聚会的真实目的。那是一场再普通不过的聚会，姜哥一共邀请了三位女生，除了他喜欢的女孩，还有我和另外一个女生。聚会没有任何特别之处，可是不久以后，姜哥却突然向我浪漫告白。

1983年1月23日，在那场聚会过后的一个月，我突然接到他的电话。我很诧异，因为我们平时很少通电话，我不知道他是有意选在那天打电话给我，还是完全只是一个巧合，因为那一天正好是我的生日。电话那头传来他富有磁性的声音："你在家做什么？"我有些犹豫，要不要告诉他，家人在为我庆祝生日呢？我可不想到处宣扬自己的生日，可我又是一个不会撒谎的人，只好含糊地说，没有什么，我们在庆祝生日。谁知他却追根问底道："谁生日？"颇为无奈，我只好坦诚相告："今天是我的生日。"

姜哥是一个有情有义的人，如果他知道朋友过生日，不可能两手空空只道一声生日快乐，之所以不愿意告诉他也是不想增加他的负担。那时，他一天只有300块台币的收入，生活本就拮据，我不想让他破费，也并不抱任何期望。然而姜哥的这份礼物远远超出我的想象，任何可以用金钱买到的礼物在它面前全都黯然失色。

时隔一天，他突然凑过来，轻描淡写地说："小凤，我写了一首歌送给你。"他温柔的声音仿佛钻进了我的心，双眸中的光彩似乎在传达着某种信息。我很惊讶，因为没有期待，所以更加惊喜。

记得那天，他潇洒地抱着吉他，漫不经心地拨动琴弦。不经意的对视令人怦然心动，似有若无的浅笑令人情不自禁。我很迷恋他，迷恋他一身的忧郁气质，却唱出最温情的词曲。

记得那天，他旁若无人地对着我唱道："当我认识你的时候，你只是个小女孩，当我爱上你的时候，你是个小女人……"我很意外，恍惚如梦，似乎明白他的意思，却又猜不透他的心思。

那一刻，世界仿佛只有我们两个人，我甚至能够听见彼此的心跳，时间似乎不再流转，嘈杂也被隔绝于外，静谧的空气中弥漫着浪漫的味道，青涩的爱情正在我心中迅速发酵。

事隔许久，我忍不住好奇地问他："为什么突然选中了我？"他的解释实在令人哭笑不得，那场浪漫的表白顿时大打折扣。原来在圣诞节聚会过后，姜哥曾试探着问他姐姐，你觉得这几个女生哪一个最适合我?

姐姐是一个非常传统的女生，她说按照中国人的习俗，丰满一些的女孩子比较好生养。"这几个女生，我最中意小凤，将来小凤可能会给你带来一些福气。"

这就是姜哥选择我的原委，听着有些令人泄气，又忍俊不禁，这个男人太可爱了，为什么不编造一个更加浪漫的理由哄哄我？不过相比不尽不实的甜言蜜语，他的诚实又令我备感珍惜。就这样，我们开始交往了。

我和姜哥最常做的一件事就是"聊天"，天南地北，无所不谈，没有隐瞒也无须顾虑。三十几年来，这个习惯从没有改变，从最初的相互了解，到后来的各种危机，我们都是通过"聊天"来处理的，这就是我们的沟通方式。我们互诉衷肠，我们也用心聆听，了解我所了解的，感受你所感受的，我们才能彼此融合为一体，我们才能彼此信任没有猜忌，我们才能拉近彼此的心的距离。

那段日子，我每天醒来都有一种期待，期待在酒吧里与他相遇。每天下班后都有一种甜蜜，甜蜜地坐着那辆破旧的摩托车让他载我回家。每天我们都会路过我家附近的植物园，于是那个植物园就成了我们的"聊天圣地"。每一次他讲述他的故事，我都会静静地倾听，每每听到他成长的艰辛，我都会感到隐隐的酸楚。我第一次遇到人生如此不幸、经历如此坎坷之人，他在讲述这些故事的时候，如同一个无助的孩子，令人心生怜悯，心疼不已。

姜哥的父亲有两个老婆，姜哥的母亲为小，没有名分，受尽委屈，他父亲嗜赌，家道中落，生活窘迫到读书的钱都是母亲借来的。我难以想象这样的家庭对一个孩子会产生怎样的影响，也许姜哥看起来乐观坚强，然而他的内心定然是伤痕累累。姜哥不愿意面对这样的家，在这个家里只有无尽的泪水，寒暑假对其他孩子来说充满期待，对姜哥来说却是无法面对的悲哀。为了逃离这个家，姜哥只好在假期里四处打工，既能补贴家用，也可以暂得一处安宁。

如果逃得开，也不失为一种幸福，然而命运总是喜欢捉弄人，令不幸的人更加不幸。16岁那年，姜哥因为骨髓炎不得不休学一年，膝盖缝了16针，一截骨头被切掉。我不知道那有多痛，也不敢去细想，单单听他讲述，我的心就已经隐隐作痛。然而相比身体的痛楚，与母亲的生离死别才更让人绝望。18岁那年，姜哥的母亲因为癌症去世，从此以后，他在这个世上唯一的依赖和温暖也失去了。不久以后，他的父亲也过世了。每每提及此事，姜哥总是一脸落寞，因为从那时起，他什么都没有了，剩下的就只有对父亲母亲的回忆。

大概每个女孩子的内心都有一种与生俱来的母爱，那一刻，仿佛坐在我身边的是一个可怜的孩子，每每想到他年纪那么小就要经历这些，我就会感到莫名的心痛，我无法想象父母都不在了的这些年他是如何熬过来的。

我的经历和姜哥完全不同，父亲母亲都是十分传统的人，父亲在外面工作，母亲在家里相夫教子。我们家有13亩田地，生活水平不错，在我的记忆中，米饭和地瓜是永远吃不完的。那时我常常在想，如果早点认识姜哥就好了，我会把米饭和地瓜分给他吃，这样他就不会挨饿了。尤其是当他告诉我，高中毕业以后他就一个人在外讨生活，最穷困的时候一包泡面要吃两餐。我无法理解一个男孩子是如何将一包泡面分成两餐的，我也无法想象那些年他到底过的是怎样的日子，我只知道，如果我们早些相遇，我一定不会让他挨饿。

看着身边这个让人心疼的大男孩，我很想安慰他，但我知道，此时任何安慰的话语都无济于事。我只能安静地陪着他，暗暗地怜惜他，默默地对自己说，我一定要保护他。

人和人之间的感觉真的很微妙，我们可能会因为很多原因爱上一个人，而我对姜哥的爱却是源于对他的同情和保护他的欲望。

他也常常给我讲一些有趣的故事，当年他在韩国打工的时候，因为没有钱，只能和一个同学租一个很小的榻榻米，一个月几块钱，刚好能容纳两个大男生窝在里面睡觉。那时他交了一个女朋友，比他大六岁，可是他要带这个女孩子回家睡觉，怎么办呢？于是每次他要带女孩子回家就会对那个同学说，你去外面逛三小时再回家。他的同学只好乖乖在外面转悠三小时，不管是严寒酷暑还是百般无聊，反正要自己找个地方，逛足三小时才能回家。

听到他的这些过去，连笑都是苦涩的，虽然涉及另一个女孩，但我一定不会生气，也不可以生气。如果我追究他的过往，他就会对我有所隐瞒，岂不是得不偿失？既然有些事已经成为回忆，又何必再去计较。凡事都要向前看，一味地揪住过去不放，只会停滞不前。如果放任自己沉浸在过去的痛苦之中，又如何能够看得到此刻的幸福和未来的希望呢？

人都是矛盾的、爱挑剔的，况且我还是一个完美主义者，年轻的我也有心中的偶像，但绝不是姜哥那个样子。

那个年代，有两个人是台湾最受欢迎的偶像，那就是林青霞和秦汉。每个男生都希望有一位像林青霞一样的女朋友，每个女孩子都梦想找到和秦汉一样的白马王子。我也曾在心中幻想过无数次，我的白马王子一定要像秦汉那样，180厘米以上，高大帅气、玉树临风、深情款款、忠贞不渝。

可现实却是我正在和一个171厘米、53公斤、瘦骨伶仃、长发齐肩的男生走在看电影的路上，这个男生就是姜育恒先生。最让我感到无奈的是，姜哥是天蝎座的，我对星座很有研究，水瓶座最怕的就是天蝎座，所以对于姜哥这个人，我还是有些害怕的。

让我不能忍受的是，这个男人同女孩子拍拖也完全不注意形象：破旧不堪的摩托车只剩一个座位，身上的牛仔裤令人不忍直视，因为看完电影还要上晚班，所以必须背着那把吉他。和他走在一起的时候，我的内心不免有些矛盾，这就是我一直在等待的人吗？如果被朋友看见应该会笑话吧？于是我不由自主地想要和他保持距离，在并不宽敞的凉亭里我们各走一边，我偷偷地在心底祈祷，苍天保佑，千万不要遇见熟人。

不过中国人有句话叫“怕什么来什么”，越是不想遇见，偏偏就遇见了；越是不想让朋友看到姜哥，偏偏就看到了；越是不想解释我们的关系，朋友偏偏就问了；越是想避开朋友的眼光，偏偏得到了一句最直白的评价：“怎么像个要饭的？”当下只觉颜面尽失，而今想来却忍俊不禁。可见当时姜育恒先生的形象有多么糟糕，同今天的姜育恒完全判若两人。这也算是我们交往中的一桩糗事吧，不知道那个朋友在回忆起这件事的时候又作何感想。

人生诸事，谁也料想不到，本想和他在一起，竭尽所能地保护他，可天不遂人愿，没过多久，姜哥就出车祸了。

台湾的二三月是梅雨季节，淅淅沥沥的小雨不知在诉说谁的心事，连续几十天的绵绵雨水不免令人心生烦躁。我望着蒙蒙雨雾发呆，忍不住想，不知道姜育恒是不是和我一样，也能从雨滴中看到彼此的身影。

自我陶醉的少女情怀突然被一阵吵闹声打破，似乎听到有人一直在叫我的名字。出去一看，原来是同我相熟的一位大哥。还未站定，大哥就急匆匆地问我：“小凤你没事吗？”我不明所以地摇头：“我没事啊！”他急匆匆地问：“姜育恒出车祸了你怎么会没事？你不是每天都坐他的车回家吗？”

听到姜哥出车祸的那一刻，我的身体仿佛被抽空一般，一时间竟然不知所措，他后面说了什么我已听不进去，一颗心七上八下忐忑不安，我想不出他为什么会出车祸，我不敢去想他伤得到底有多严重，我也想不通他已经遭遇过那么多变故，为什么还要受苦？最让我后悔的是，为什么昨晚没坐他的车回家，如果我能看着他，提醒他，他应该就可以避免这场车祸了。

那段时间我每天都会坐姜哥的车回家，因为出事的前一天晚上临时有事，于是叫他不要等我。我猜大概是因为他骑车之前喝了些酒，以前他偶尔也会喝一点儿酒再骑车，但从没有出过事。我早就劝说他不知多少次，他却一再抱有侥幸心理，终于还是出事了，我不知该气恼还是心疼。

在医院见到姜哥的时候，我的鼻子一酸，眼泪不听话地淌下来。由于缝合伤口的需要，他一头长发被剃成了光头，厚厚的纱布上沾染着血迹，消瘦的面庞越发憔悴。换药时，我看到了他头上的伤，缝了十几针的伤口令人触目惊心，我忍不住想去轻抚，想问他还痛不痛，可颤抖的手却停在半空，心疼的泪再一次决堤。

还是应该感恩上天，所幸没有伤及性命，但经此一事，姜哥的性格却发生了很大的变化。也许一个人要成熟起来必须经过种种磨炼，也许这只是上天对姜育恒的又一次考验，然而我却宁愿他选择其他的方式。看着他受苦，我情愿代替他承受痛苦，看着他坚强，我却更加酸楚。

再回来上班时，姜哥好像变了一个人，头发长出短短一截，干净利落，十分清爽。从那以后他就不再留长发，青涩和稚嫩同他的长发一起留给了昨天，一个崭新的姜育恒回到了我们身边。

因为还没有完全康复，我便顺理成章地照顾他。从那时起，我不再犹豫，不再迟疑，我想要尽我所能去保护他，照顾他，我再也不忍心让他受到一点点伤害。我希望能够像姐姐说的那样，为他带来一些福气，我希望我就是那个可以陪伴他度过一生的人。

皇天不负苦心人，我们在一起没多久，姜哥的事业就迎来了第一个高峰。

2.爱是一场短暂的雨

姜哥曾经问过我一个问题，台湾的歌手都是怎样红起来的?

我打趣地说：“要么有很多钱，要么长得很帅，你什么都没有，完全没有红的条件哎！”

话虽如此，我却不得不叹服于他对音乐的敏感度。偶尔在练歌的时候，他也会讲给我听，这首歌表达的是怎样一种情怀，情感是如何变化的，每句应该唱出怎样的韵味等。在认识他以前，我只知道一首歌好听或不好听，认识他以后，我才发现每首歌都在讲述一个不平凡的故事，尤其在听姜哥唱歌的时候，你会不由自主地陷入某种情绪，或哭或笑，或思念或伤感。

我感叹姜哥在音乐上的天分，更钦佩他对音乐的执着。每个人都有自己的梦想，但不是每个人都可以坚持梦想，为了生存放弃梦想无可非议，不畏艰难困苦仍然坚持梦想则更加可贵。20世纪80年代初的台湾的确是流行音乐和众多歌手的摇篮，然而真正能够出人头地大红大紫的又有几人。现实总是残酷的，姜哥很清楚他选择的这条路到底有多么艰难，正因为这样，他身上那股不肯屈服的执拗和锲而不舍的毅力才更加可爱。

那年姜哥已经27岁，对于偶像明星来说在年龄上完全没有优势，我从来没有奢望有朝一日他能够飞黄腾达，但我也绝不会劝说他寻一份踏实的工作，放弃自己的梦想，我不可以这么自私。爱他，就应该爱他的全部，爱他的音乐，爱他的梦想，爱他的执着，不问将来，不问结果，不问成功与否。

最让我欣赏的是姜哥的善良，他对朋友有情有义，对陌生人也是以诚相待。佛家有云：“积善之家，必有余庆。”我相信姜哥是一个有福报的人，即使不能圆梦，上天也会待他不薄。跟着这样一个男人，我心里踏实。

日子一天一天地过，指针一分一秒地走，姜哥依然每日抱着那把吉他倾情弹唱，我也还是那个与世无争的小会计。回首那些日子，没有什么不好，哪怕一辈子平凡度日，也不失为一种幸福。

可就在我们沉溺于这种平静时，姜哥却意外地遇到一位贵人。

酒吧的老板是韩国人，所以经常会有韩国客人光顾。一个很平常的日子，酒吧里来了一位很普通的客人，可是一看到姜哥在唱歌，立刻把他叫了下来。我并不认识这个人，但见他拉着姜哥到后面说话，想必是旧识。

那人走了以后，姜哥才告诉我，他和那位大哥在从韩国飞往台湾的航班上有过一面之缘。抵达台湾的时候，那位大哥因为携带的物品太多，需要交纳一定的税金，但是他身上的现金不够，如果不交税就没有办法入境，无奈之下，只好向萍水相逢的姜哥借钱。初次见面的陌生人，不知根不知底，如果是你，你会借给他吗？

也许这就是他们之间的缘分，谁也不问，偏偏问了姜哥，姜哥二话不说，拿出200美金递给他。姜哥在韩国一无所有，他是带着这些年打工的全部家当来到台湾的，而他的全部家当就是身上的300美金。考虑到自己第一次到台湾，晚上住在哪里尚且不知，所以姜哥留下100美金傍身，剩下的全部借给了他。通过这件事，我再一次重新认识了姜哥，对于他的倾囊相助钦佩不已，想到他的善良单纯我又有些担心，若不是偶遇这位大哥，姜哥绝不会提及此事，更不会主动讨债。初到台湾的姜哥既没有联系地址也没有联系电话，若不是韩国大哥在酒吧偶遇姜哥，也不会有后来的故事。

通过韩国大哥，姜哥认识了他进入歌坛的引路人——蒋阿姨。那个年代的很多人都知道蒋阿姨，她是广播电台的节目主持人，说话很有特点，满口的北京腔，颇受欢迎。蒋阿姨来酒吧听了几次姜哥的歌，觉得还不错，又把姜哥推荐给光美唱片的苗秀丽经理。

见到姜哥时，苗小姐不禁皱起了眉头，27岁的年纪，不知能否大器晚成，形象也不符合当时歌星的流行风气。想想那个年代的男歌星，每个都是身材高大外形帅气，这样才会有粉丝追捧。看到站在面前的姜哥，苗小姐不禁有些为难。

然而不能拂了蒋阿姨的面子，苗小姐决定给姜哥一个机会，她说你先试唱吧，然后我再考虑要不要用你。

听她这样说，我反倒松了一口气，若说外在条件，姜哥的确差强人意，若要听姜哥唱歌，苗小姐一定找不出拒绝他的理由。果不其然，姜哥一开口，苗小姐便发现了姜哥的绝对优势——他对音乐的敏感是与生俱来的，歌声里蕴含的情感是不可抵挡的诱惑。曲毕，苗小姐微笑着说，你先回去等我通知吧！

两天以后，看到苗小姐出现在酒吧，我知道姜哥又向梦想踏近了一步。这些年，他的坚持他的苦难终于有所回报，即使前路依然未知，至少我们看到了希望，如同在漫漫寒冬看到第一枝春梅，哪怕尚未春华遍地，却已感受到一丝温暖的气息。喜悦和感动交织在心中，我不知该如何表达我的心情，也来不及去想将来要面对的是什么，我只是替姜哥感到开心，看到他开心，我就无比喜悦。

迈向成功的第一步总是艰难的，无论姜哥还是我，都必须付出更多。为了捧红姜哥，唱片公司对我提出一个条件，偶像歌手是不可以有女朋友的。为了积累更多的人气，为了姜哥能够在唱歌的道路上一帆风顺，他的女朋友只能存在于幕后。当歌迷们知道他们喜爱的姜育恒竟然只身来台至今单身，同情和支持才能来得更加容易。我明白，为了捧红一个歌手，有时包装和隐瞒都是必要的，忍耐和沉默也都是值得的。那时我认识姜哥差不多一年，我知道他为了唱歌都付出了什么，既然机会就在眼前，不管要我做什么我都愿意。只是我不知道这种隐形的日子要持续多久，更没有想到这会给我们的感情带来怎样的麻烦。

达成协议，苗小姐开始从内到外包装姜哥。第一个要解决的问题就是姜哥的普通话。由于祖籍山东的缘故，姜哥说的是一口地道的山东荣成话，要想在公众面前塑造一个良好的形象，普通话必须过关。姜哥在韩国没有接受过正规的普通话学习，谁来教他普通话？怎样学习才能在最短的时间内达到苗小姐要求的标准，我们犯了难。这时，蒋阿姨再一次向我们伸出援手，她说这样好了，你先搬到我家。所以之后的很长一段时间，姜哥都住在蒋阿姨的家里。蒋阿姨为他订了一份日报，这种报纸是专门给小学生看的，所有汉字都标注了拼音。蒋阿姨要姜哥从头学起，把所有拼音符号都背下来，所以说姜哥真正学习普通话是在台湾。没有人可以随随便便成功，姜哥足足花了两年时间才真正把普通话讲好。

另一方面，苗小姐在姜哥的外形塑造上也绞尽脑汁。她对姜哥的评价很直白，她说姜育恒的长相真的很一般，整张脸只有右脸可以看。为了扬长避短，在拍摄MV时，从头至尾姜哥都躺在海面上，海浪一次又一次冲刷，恰到好处地遮挡住他瘦弱的身材，整个镜头里只能看到他右侧的脸颊。为了让姜哥看上去更加高大，公司为他定制的所有服装都是十分宽大的风衣，瘦小的姜哥被整个罩在当中，只能露出一张消瘦的脸。苗小姐在包装姜哥这件事上煞费苦心，所幸拍摄出来的MV效果都不错。

就这样，第一张专辑《爱我，孤独之旅》拍摄完毕。姜哥常常问我，小凤，你觉得我可以吗？坦白地讲，这个我也说不好，从一开始，我们就是抱着试试看的态度来努力的，是否能大红大紫，我们心里真的没底。但机会来之不易，错过只会遗恨终生，所以我们格外珍惜，每一件事都做到精益求精，即使最后不能成功，也没有什么遗憾了。

上天眷顾那些坚持不懈的人，但有时还需要一点点运气。当时台湾有一个节目叫《综艺100》，收视率非常好，主持人是张小燕，在台湾人气很高。这个节目有一个单元，叫《流行歌曲畅销排行榜》，姜哥的专辑刚刚发行，《综艺100》就播放了里面的主打歌曲《爱我》。借着《综艺100》的人气，《爱我》一炮而红，连续一个多月都是排行榜第一名，持续三个月均保持在前三名。一时间，所有的人都在讨论“姜育恒”，仿佛一夜之间，姜哥就从一个流浪歌手跃身成为歌坛新秀。这张专辑奠定了姜哥后面所有的歌路，不知从何时起，姜哥成为大家口中的“忧郁王子”。

凭借一首《爱我》，姜哥声名鹊起，《综艺100》特地邀请姜哥去做嘉宾，就是从这时起，我们一家同张小燕结下不解之缘。那个时候谁能想到，十年以后，我和姜哥会邀请她做我们的证婚人，谁又能想到，也是因为《综艺100》，一年以后，我和姜哥的感情第一次出现危机。只是我太沉迷于此刻的幸福，看到姜哥梦想成真，我由衷地为他感到高兴，他的幸福即是我的幸福，他的快乐即是我的快乐。

当姜哥从公司拿回第一箱粉丝的来信时，我内心的激动溢于言表，满满一箱的来信堆满整个桌面，每个信封代表一个粉丝，而这些只是众多粉丝中的一部分，想到这些，我便抑制不住满心欢喜，姜育恒终于有歌迷了！终于有人喜欢他的歌了！我一封信一封信地拆开，又一封信一封信地替他回复。我认真地阅读每位歌迷对姜哥的喜爱和崇拜，也认真地写下每句感谢和祝福的话语。我反反复复地对自己说，一切都是值得的，付出再多都是值得的。

歌迷的来信塞满了第二箱、第三箱……无论多少来信，每封我都会回复，这是对歌迷的尊重，一想到他们收到姜哥回信时的笑容，我就觉得无比幸福。姜哥非常重视这些歌迷的来信，在回复第一箱的时候，他会一张一张认真地签上自己的名字，后来信笺越来越多，姜哥确实没有时间才不得不放弃。为了帮姜哥回信，我特地找来我的朋友帮忙，虽然常常埋在一堆信笺中写字写到手酸，但那一刻我心里只有满满的快乐和感动。

之后的一年多我都单纯地沉浸在喜悦之中。我常常憧憬未来的日子，姜哥在外面工作，我在家里相夫教子，当真是夫唱妇随，应该再要几个小孩，这样的家才算圆满。然而有人的地方就有是非，演艺圈里的是非就更多了，更何况在旁人眼中，姜哥是一个只身来台的单身男人，平静的日子恐怕很难再有。我不是没有意识到这一点，只是我完全信任姜哥，他那么简单，那么善良，怎么会背弃一直默默守护他的女人，可是我不知道，原来最简单的只有我，我竟从未察觉一场感情危机已悄然而至。

有一天，蒋阿姨突然跑来找我，她说："小凤，你知道吗？姜育恒瞒着你和另外一个女人交往。"

我的第一个反应就是不可能，可是蒋阿姨怎么会骗我呢？但那一刻我真的无法接受，因为我从没有想过除了我以外姜哥会出现其他感情，对于这种事，我毫无思想准备。那时，姜哥还住在蒋阿姨家里，我们虽然没有同住，但已经是很亲密的男女朋友。我白天上班，晚上帮他回信，他工作的时候我也从来不去打扰，对他的一些事情我确实不知道。

蒋阿姨告诉我，那个女人是《综艺100》的执行制作，从《爱我》那首歌开始，她就喜欢上姜哥，到姜哥在节目里做嘉宾之后，她更是迷恋他到不能自拔。让我无法理解的是，姜哥向来老实本分，虽然很多女性歌迷喜欢他，但他从来不去招惹她们，为什么偏偏在这个女人身上出了问题，而且竟背着我交往了一年多！

蒋阿姨为我鸣不平，我对姜哥的好她都看在眼里，她不忍心我被欺瞒，不忍心我的感情被践踏。她本想让我知晓，劝说姜哥回头，可是我不想，我觉得没有必要了。我想不通，他为什么要这样对我，我对他掏心掏肺，换来的却是欺骗隐瞒，我为他尽心竭力，得到的却是薄情寡义。我的心阵阵揪痛，一颗火热的心顿时坠入冰点，冰冷得寒彻骨髓，痛苦到不能呼吸。

即使在无以言复的悲伤之中，我依旧没有怨恨，我一直有一种认知，在没有结婚之前，每个人都有选择的权利，我不是最好的，这个世上永远存在比我更优秀的人，如果姜哥有更好的选择，我一定会祝福他。所以我不会死缠烂打求他留下，也不会舍弃尊严同她争抢，强扭的瓜不甜，如果他们两个在一起可以让姜哥开心，我愿意成全他们。

忍住委屈的泪，捂着受伤的心，我果断地向姜哥提出分手。成全不代表心不痛，祝福也不代表还能做朋友，那一刻，我只想尽快结束这场闹剧，从此以后不相见，不相思，不相恋，不相欠。只是，我不相信，难道爱情真的就是一场短暂的雨，经历的时候酣畅淋漓，离去的时候不留痕迹吗？

3.从今天起，如果不分离

欲望是人与生俱来的枷锁，在一个婴孩呱呱坠地时，欲望便指引了他的思想和行动。小孩子饿了会哭，生病会闹，长大以后会为事业奋斗，为爱情拼搏，所以欲望本身并没有对错，只是有的人非常明确自己真正想要的，有的人却不知道自己在做什么。

爱情也是一种欲望，女人想得到的是溺水三千只取一瓢饮的从一而终，而男人想要的却是妻妾成群前呼后拥的唯我独尊。只是那时我并没有想明白这些，对姜哥的执念将我捆绑于失恋的伤心和难过之中无法自拔。

那三个月，我每一天都在矛盾中挣扎，深爱一个人，怎么可能说放下就放下，我舍不得姜哥，舍不得我们这段感情。可是我又能怎么办？一颗真心换来一抔绝情，用这样的方式对待爱他的人，我不知道这个男人是否值得我去珍惜。

如果我是一个任性放纵的人，也许会更好过一些，我可以在亲人面前放声大哭，可以在酒吧买醉夜不归宿，也可以去找一个比他更好的男人重新来过。可惜我不是，无论发生什么，我都不会被情绪左右，不管多么痛苦，我永远默默承担。一个人的悲伤已经足够沉重，又何必让身边的人徒增烦恼，我不会这么自私。

姜哥签约做歌手以后，我已经辞掉酒吧的工作，在一家贸易公司做销售。失恋并不是懈怠工作的好借口，哪怕内心已经支离破碎，我也必须收起我的小悲伤，做我该做的事情。我依旧每天神采奕奕地跑业务，依旧泰然自若地同客户谈笑风生，没有人可以从我的脸上看出一丝一毫的哀伤，我也不需要任何人的同情和怜悯。

不停地工作就像慢慢推入的麻醉剂，让我可以暂时忘记受伤的痛楚，可是一旦停下来，孤独和落寞就会疯狂地占据我的心，心仿佛被掏空一般。可是既然已经被掏空，为何还会痛？既然已经决定放手，为何还会想起他？ 我试图将他从脑海中驱逐，可越是用力忘记，反而越发清晰。

每个闲暇的夜晚都是我最煎熬的时光，因为我不知道该如何面对自己的情绪。那时和姐姐同住，虽然她知道我和男朋友分手，但我并不打算让她知道原因，更不想让她看到我的失落和伤怀。所以每天晚上我都会陪姐姐一起看电视，看到逗趣的段子也会捧腹大笑。8点到9点这档一结束，我会立刻一个人跑到附近的公园，因为我没办法继续伪装，没办法继续压抑内心的痛苦和委屈，我必须将全部情绪倾泻而出，只有一场畅快的痛哭才能稍稍安抚我的心。哭够了，回到家洗把脸，出来继续陪姐姐看电视，看看电视又可以嘻嘻哈哈，好像什么都没有发生一样。那些日子，我每天哭哭笑笑，笑笑哭哭，眼泪冲刷了委屈，却无法抚平伤口，笑容可以掩盖痛苦，却无法治愈心灵。

我不是没有尝试着从失恋的阴影中走出来，但是很难，什么叫爱得深伤得重，这个时候才深有体会。我想斩断情丝，放下过去，可是我舍不得，一个人付出的越多就会越舍不得，在我们两个人的感情里，我一定是付出更多的那个人。那么就原谅他吧，和他重新来过。但是我没有勇气，江山易改本性难移，这一次原谅了他，谁能保证没有下一次呢?

第一次发现，爱情在甜蜜的时候就像一根棒棒糖，因为担心消耗得太快，所以格外珍惜，尽量让自己慢慢品尝。可一旦这段感情伤害了你，它就变成了一个毒瘤，想要切掉它一定是非常痛苦的。当然不切掉也可以继续活下去，可难保哪一天会再次发作，受伤的是我，痛苦的也是我。痛一次已经让我刻骨铭心，我不想再被伤害一次，所以我下定决心，不管多么痛，一定要把它彻底割掉。

话虽如此，爱却不可能一夜之间被抹杀。我太了解自己了，一旦有机会见到姜哥，恐怕顷刻间所有的防线都会崩溃。我不得不将生活中关于姜哥的一切屏蔽，不接他的电话，不听他的新闻，只要看到他出现在荧幕上就立刻关电视。只要看到他的身影我便控制不住自己的泪水，为了从他的影子里走出来，我宁愿切断和他的一切关联。

正是因为这样，我对姜哥的情况一无所知。直到有一天，姜哥的嫂嫂特意从韩国来到台湾找我，我这才知道，我们分手以后，姜哥立刻和A小姐一刀两断。可是我却不肯接他的电话，他以为我再也不会原谅他了，情绪一直很低落，现在已经回到韩国。他每天借酒消愁，一边喝酒一边流泪，哭着说他不知道这样做我会离开他。嫂嫂说，如果没有你，他也不想再唱歌了，他想和你结婚，我们都希望你可以答应他。

我真的不懂，他怎么可以说出这样的话？他伤我至深，竟然一句“不知道”就奢求得到原谅，我痛心疾首，他却幻想我在这个时候能够嫁给他。也许他现在真的很痛苦，可是我的心情谁又能了解呢？

原本我还在为姜哥的错耿耿于怀，可在接到一通莫名其妙的电话以后，我却发现这场闹剧极其可笑。

那一天我正在上班，公司的座机突然响起，电话那头传来一个陌生女孩的声音，她说：“你是小凤吧？我是A。”

我不知道她是如何得知我的工作电话的，也不知道她打这通电话的目的是什么，于是问道：“你找我有事吗？”

她说：“我知道你是姜育恒的女朋友，我跟姜育恒认识一年多，虽然没有你久，但是我们成长的环境更相似，所以我比你更懂姜哥。”

A小姐是单亲家庭出身，从小和妈妈一起生活，这一点我早就知道。现在听她这样说，我心中的一股无名火登时蹿了上来。原本就是她插足在先，我没有跟她计较就不错了，她竟然巴巴地打来电话和我讲这些，如果这个时候我还忍气吞声，那不是善良，而是懦弱。

我尽量压住自己的火气说："A小姐，你不要在这儿同我讲谁懂谁，我和姜哥认识三年，你和他认识一年，你现在告诉我你比较懂他？我们也不要比谁的时间长，你今天打这个电话给我到底要干什么，是要我退出吗？我告诉你，我和姜哥没有婚姻，我也没有必要和你去竞争。我已经从那段感情中走出来了，你要的话我随时送给你，有本事你拿走，没本事就不要打这种电话给我。你搞不定这个男人就给我打电话要我退出，完全没有那个必要！"

一口气说完这番话，我压抑许久的怒火终于得以发泄，整个人似乎都轻松了不少。真不明白，姜哥为什么会喜欢这样的女生，如果我放手把姜哥交给这个女人，她能给姜哥幸福吗？

A小姐听出我在发火，立即解释说："我没有这个意思，我只是觉得姜育恒周旋在两个女人当中，他也很痛苦。"

我忍无可忍，义正词严地告诉她："A小姐，以后不要跟我讲这些了，我不想听，姜育恒所有的事情都和我没有关系！"说完，我把电话挂断了。

我并不认为是我器量狭小，任何一个人接到这种电话都会窝火吧？如果不对她讲明，她还以为自己才是理直气壮的那一个。

转眼间，我和姜哥分手已有三个月，这段时间，姜哥始终没有放弃同我复合。一天突然接到他的电话，此时我的心情已经比较平复，就算不能做恋人至少还是朋友，所以我接听了他的电话。

他说，我的新专辑试听带出来了，希望你能听一听，给我一点儿意见。

既然是有求于我，我便爽快地答应了。我很认真地听完每一首歌，最喜欢的是那首《最后的温柔》。听着那首歌，我不由自主地联想到自己此刻的心境，有一

点儿伤感，有一点儿落寞，回想起曾经的点点滴滴，我暂时得以平复的心再一次被揪痛。

这三个月里，我流过的泪太多，有时不禁感慨，人生苦短，我却放任自己沉浸于哀伤，是否太对不住自己，也太对不起姐姐。为了让自己能够散散心，一个周末，我索性住到了一个同学家里。

那一天，她突然对我说："小凤，你要不要看看那个姜育恒，他最近变了好多，已经瘦成皮包骨头了。你都不同情他吗？真的不能原谅他吗？"

我摇了摇头，没有经历过伤痛的人是无法体会我的感受的，我不是不想原谅他，也不得不承认时至今日我依然爱着他，可是我不知道该如何原谅他，不知道自己能否放下这段痛苦的往事，不知道今后如何面对他。而且我也没有勇气从头来过，我害怕了，害怕再受到一次伤害。只有我自己知道，这段时间我是如何走过来的，三个月过去了，我依然在疗伤，我甚至不知道心中的伤痛多久才能愈合，也许一辈子都好不了。或许我永远都走不出这段感情，但我绝对不可以再踏进去。我好不容易才下定决心，任何人都不会动摇我。

我不断地坚定自己的想法，不停地加固心灵的防护堡垒，可原来一切都是自欺欺人，不管我叮嘱自己千遍万遍，只是在电视里看到姜哥的一瞬间，我的整颗心都坍塌了。我知道同学一定是故意打开电视的，那一天刚好是第二张专辑《孤独之旅》发片，她一定知道姜哥那天会出现，所以有意在这个时候向我提起他。荧幕里，姜哥一如往昔，抱着吉他专注地弹唱。可是为什么他会瘦成这个样子，比我上一次见到他时又瘦了一大圈，整个人几乎瘦到变形。我才离开短短三个月而已，为什么他那么不懂得爱惜自己，难道他不知道我会心疼吗？想要保护他的欲望再一次冲击着我的心，也让我彻底认清了自己，无论和他分开多久，无论和他距离多遥远，那份爱始终没变，逃避只是怕伤害，结果却让彼此陷入更深的痛苦，难道这就是我要离开他的目的吗?

过了几天，姜哥的姐姐打电话给我，她说嫂嫂来台湾了，要不要到家里来吃个饭。虽然此时我还没有想好是否重新接受姜哥，但我也没有拒绝。

一进姐姐家，我发现家里布置得很有气氛，姐姐告诉我，其实这一次是姜哥特地为我举办的生日聚会。我有点意外，想起姜哥送我的第一份礼物，也是这样的令人惊喜，那是第一次有人为我写歌，那些日子多好，可惜我们都太不懂得珍惜。

就在这时，门铃响了，里面传来姜哥的声音，让姐姐给他开门。可是似乎他不是一个人，我听得非常清楚，从门铃的扩音器里还传来另一个声音，是一个女孩子。扩音器里的声音很大，所有的人都听到姜哥一直在说，你快走，你快点走吧!可是那个女生就是拉拉扯扯不肯走。我恍然大悟，那位A小姐居然离谱到跟着姜哥一起回来了。一时间，我说不上来那是怎样一种感觉，我只记得屋子里一个吹得满满的气球，忽然就泄了气。

就是那么一瞬间，我突然想通了许多事，和姜哥认识了三年，我是最了解他的人，他善良，细腻，他不愿意去伤害别人，即使不爱，他也要为A小姐顾虑很多，所以他不会对她说狠话，于是才会出现我看到的这一幕。可是他也有神经大条的时候，我相信他不是有意伤害我，我能感觉得到他的心依然追随着我，如果他知道我会离开他，一定不会做对不起我的事。最重要的是，我也爱着他，既然彼此相爱，又何苦互相折磨，既然彼此相爱，还有什么不能原谅的呢?

我忽然觉得自己错了，为什么直到今天才想清楚这一点，让自己痛苦了这么久，也让姜哥痛苦了这么久。人常常会被憎恨蒙蔽双眼，一步一步地将自己逼到没有退路，当智慧在一瞬间开启时，才发现自己有多么可笑。

于是我很明确地告诉姜哥，要我回头也可以，你必须让我知道你和这个女人断得干干净净了。

我不知道他是如何同A小姐谈的，但我知道他做到了。因为A小姐写了一封信给姜哥，信的大致内容是让姜哥在某年某月带上一束白菊花去某个地方看她。这是什么意思，是用自杀威胁姜哥吗？聪明的女人一定不会用一哭二闹三上吊来威胁男人，这么做只会让男人对你敬而远之。

后来A小姐嫁到美国，姜哥和她再没有任何联系。我之所以能够原谅他，也正是因为这一点，姜哥会让该结束的结束，该过去的过去，不再回头，不再多想，不再让我有任何困扰。我也可以当作什么都没发生，既然要放下，就要放得彻底。两个人在一起真的不容易，既然他愿意重新来过，那么我也愿意再度踏入爱情的泥淖，但这一次我不会再让自己痛苦。

为了迎接我们崭新的开始，我和姜哥搬进同一间屋子，既然姜哥想结婚，那么我们就像一对真正的夫妻那样开始共同的生活。每天早上，我会在上班之前买好菜，中午休息时间回家给姜哥做饭，下午2点再回公司上班。从今天起，我要把他所有的生活起居安排得妥妥帖帖，我要让他从今以后过上真正幸福的日子，我要让他知道这个世界上只有我对他最好，我要让他知道，离开我，他再也找不到第二个小凤。

人永远是这样，放在眼前的不懂珍惜，直到失去才追悔莫及，不管谁对谁错，我再也不想和你分离，哪怕只有一秒，都痛到令人无法呼吸。那种痛无法言喻，就像大海没有边际，黑暗中看不到黎明，所以从今天起，我们再也不要分离。两个人相伴，人生才不会孤寂，两种人生交织，一路上才会留下幸福的脚印。然而没有荆棘的道路太枯燥，没有苦难的人生太平凡，我们在人生的道路上踩下的脚印不可能都是幸福的。

4.你可以留下，日子一样陪你过

包容是一种气量，放下是一种态度，人生在世已十分不易，莫要辜负了青春，辜负了爱人，于是当我将台历翻到下一页的时候，昨天的不愉快便同上面的日期一样成为永远的过去。时隔多年再回想起那些前尘往事，你会发现当初的伤痛和苦恼不过是世间一粒的纤尘，竟是如此的微不足道。

可是人生的每段经历都值得深思，包括刻骨铭心的痛，痛可以令人头脑清醒，痛了才会思考更多。经此一事，我已了然自己想要的是什么，忠贞不二固然可贵，然而女人不可以用自己的标准衡量男人，男人犯错往往出于本能而非本心，只要你的一颗真心愿意让我保留，那么我也愿意包容你的过去。因为于我而言，和你分离才是最大的伤害，我不会再做任何伤害你又伤害自己的蠢事。永远和你在一起，我一生所求不过如此。

所以当我听到关于姜哥和B小姐的一些绯闻时，已经可以做到相当冷静。我能够理解，毕竟我和姜哥的关系没有公开，以姜哥此时的人气，喜欢他的女孩子不是一个两个，每个都有追求他的权利。如果因此而质疑他对我的爱，姜哥只会与我日渐疏远，只要没有伤害到我们的感情，我可以难得糊涂。相反，我还要对他更好，拿出一颗宽容大度的心，包容他，信任他，姜哥那么聪明的男人，不会不懂得珍惜。

B小姐是点将唱片的歌手，刚出道不久，是姜哥众多粉丝中的一个。当时姜哥正在台湾基隆拍摄电视连续剧《爱的谎言》，恰好B小姐的家就住在基隆，于是她常常写一些纸条递给姜哥，诸如“我很喜欢你啊”“录影结束要去哪里啊”等。可以想象，那只是一个单纯的小女孩对偶像的崇拜。因为没有人知道姜哥有女朋友，所以我从来不去探班，因此B小姐对我一无所知。

姜哥回到台北以后，她常常往家里打电话。姜哥对接电话这件事毫无兴趣，家里的电话一向都是我接，对方听到不是姜哥的声音，怯生生地问："你是姜大姐吗？"我不禁有些好笑，只是还不能暴露姜哥有女朋友这件事，于是应声道："是啊，你要找姜哥吗？"她说："大姐，可不可以帮我叫姜哥？"我意味深长地看向一脸无辜的姜哥，示意他过来接电话。

我才不会因为这点事生气，每次姜哥在我面前接电话都特别有趣，因为他什么也不敢说，不管对方说什么，他永远是"嗯""啊"地应声。就像一个背着家长谈恋爱的中学生，女朋友打来电话也只能装作是普通同学。我知道这个女孩子喜欢姜哥，虽然不会质问或是责怪他，但如果完全不吃醋反而会让男人失去存在感，所以我会有意无意地对他说，姜先生你要小心一点儿哦，万一出了什么事情，对你对她都不好。姜哥连连点头，像一个听话的孩子。

渐渐熟络后，B小姐的电话越发频繁，不管是吃饭喝咖啡还是洗头发都要告诉姜哥。到了这种程度，再笨的人也能看出一些端倪，但我仍旧不闻不问，我不会问他这到底是怎么一回事，也不会让他向我做一个交代，这样做没有任何意义，对两个人的婚姻也没有任何好处。但沉默不代表忍气吞声，我想给姜哥一个机会，如果事情回到正确的轨迹，我可以当作什么也不知道，否则我会在适当的时机告诉他，他的行为已经伤害到我。

20世纪80年代，台湾的歌厅会邀请一些有影响力的人进行演出，那时我还在贸易公司上班，只能每个周末陪他两三天，周一再回台北上班。礼拜五晚上我就会出发，陪姜哥到台中、台南、高雄等地的歌厅赶场子。那一天，在台中赶往台南的路上，我提前打电话给歌厅经理，询问接下来那场秀都有谁。我人缘还不错，跟大家都很熟稔，歌厅经理告诉我有哪几个人，巧的是，其中还有B小姐。

挂断电话，我漫不经心地笑语，等一下我们会看到B小姐哦！

听到B小姐的名字，姜哥立刻显得局促不安，不知是自言自语，还是在征求我的意见，他慌乱地碎碎念："啊？怎么办？我该怎么办？让我想一想。"

那一刻，我觉得姜哥实在太可爱了，连撒谎也不会，我只是随便说说，你就原形毕露，如果你们两个没有特殊的关系，又何必心虚？我忍住笑说，你不用想了，到时候随机应变吧！爱一个人怎么能够冷眼旁观看他出糗，我们到达秀场的时候，我心里已经有了主意。

车停在门口，秀场在二楼。我若无其事地对姜哥说："你先上去吧，我有个熟人在这里，我过去和他打个招呼。"姜哥是个聪明人，他知道我是为了给他一点儿空间，故意在拖延时间，于是匆匆上楼"处理"问题去了。

我在那确儿实有个熟人，台湾有个主持人叫芳芳，她的弟弟刚好在这个秀场一楼卖卡带。我和芳芳的弟弟小小地叙了一会儿旧，估计姜哥那边已经交代好了我才上去。结果一进门就被两个朋友挡在门口，跟我东拉西扯地寒暄起来。缓兵之计也不要太明显，看来姜哥还没有处理好，于是我也配合地同他们闲聊起来，直到大家已经不知所云。

后台似乎没动静了，大家心照不宣各忙各的去了。我一个人往化妆室走去，刚走到门口却发现姜哥和B小姐正站在最里面的角落讲话。我立刻停住脚步，转身离开已经来不及，突然出现又难免会令姜哥感到尴尬，刚好一个打扫卫生的阿姨走过来，我灵机一动，有意提高音量向她打了一个招呼："张阿姨很久不见啦！"

姜哥一听到我的声音，就像大白天见鬼一样，从化妆室那一头"嗖"的一声从我面前蹿了过去，看都不敢看我一眼。我心里觉得好笑，这个男人怎么会心虚到这种程度，果然还是太单纯，完全没有办法处理这种感情危机啊！虽然一举一动都暴露了他和B小姐关系不同寻常，他会胆战心惊，至少说明他还是在乎我的，我心想算了，什么话也不要讲，更没有必要生气。

可是我不知道这种关系还要维持多久，如果我的大度始终唤不起你的觉醒，那我必须让你知道我的态度。

辛苦了一天，我们回到酒店休息。晚上11点，酒店房间的电话突然响起，大概是女人的直觉，我猜测应该是B小姐打过来的。

接起电话，我淡淡地说："您好，找哪位？"

对方 言不发，沉默了很久。虽然不能断定对方的身份，却更加印证了我的猜测。我问了半天，对方仍旧不肯说话，我只好把电话放下。

过了没多久，电话再次响起，接起电话，依旧没有人讲话。

直到凌晨1点，一共五通电话，每一次都不说话，这让我有些恼火。既然知道有人在，就可以不要再打来了呀！或者你确实有话要讲，为什么又一言不发？我很不喜欢别人这个样子。于是最后一次接起电话，我毫不掩饰自己的情绪，直接戳穿她的身份说："B小姐，如果你要打电话请你出声音，否则请你不要再打来。"

她听到我叫得出她的名字，才支支吾吾地问："你是姜大姐吗？"

我有点哭笑不得，她一直以为我是姜哥的姐姐，第一通电话就听出是我的声音，她大概在想他姐姐怎么到现在还在他的房间里？因为从她的角度出发，她以为自己就是姜哥的女朋友，所以姜哥不可能带其他女人回酒店，那么能出现在姜哥房里的一定就是姜大姐了。

此刻我已经没有心情再掩饰什么，气急败坏地说了句"我不是"，把电话扔给了姜哥。

从第一声电话铃声响起，姜哥就神色不安，那样子就像一个做错事的孩子担心被人揭发。他大概一直在心中祈祷，不要再打了不要再打了，但是他绝对不敢抢电话，因为他知道，如果他去抢这个电话，我一定会发觉有问题。直到我把电话扔给他，他才小心翼翼地接过电话，却什么也不敢说，只是“嗯”“啊”地答应着。我不用猜都知道他们在说什么，无非就是B小姐问，那是姜大姐吗？他说，嗯，是啊！B小姐问，她怎么还没休息啊？他说，嗯，是啊！

姜哥很多时候真的像个孩子，对于他们俩的对话，我觉得又好气又好笑。不过是时候向他表明态度了，我开始整理行李，郑重其事地告诉他，到此为止吧！

我打算坐夜车回家，姜哥立刻从沙发上跳起来，说：“我又没有怎么样，她要打电话过来我又阻止不了。”

我说：“姜先生，哪一个神经病会一直给一个人打电话，她为什么不去打洪荣宏的电话，为什么不去打费玉清的电话，偏偏要打你的电话？我已经忍让到这个地步了，你还要我装聋作哑。现在凌晨1点多，这个女生打你的电话是要干吗？今天是我在这里，如果我不在呢？”

说完这番话，我对他下了最后通牒，如果你不处理，那我只好放手。

对于捕风捉影的事情，我从来不会动怒，但事到如今，他们的关系已经再明白不过，也对我造成了极大的困扰。我必须告诉他，他的行为会对我造成伤害，如果他还爱我，他会选择站在我这一边，如果不爱了，我也没有必要纠缠，选择权交给他，他的任何决定我都会接受。

几天以后，我们从台中回到台北，姜哥对B小姐表明了态度，他坦言，自己有一个交往了很多年的女朋友。他说，她是我未来结婚的对象，所以对不起，我们不可以继续在一起。B小姐也是一个用情极深的女生，当天的录影泪洒摄影棚。制作人不明所以，问她：“你到底为什么要哭啊？两个人吵架而已，不用这么伤心吧！”足见许多人都知道他们是情侣关系。

事后，B小姐在台湾的《民生报》上连载七天她和姜哥的故事。在她的故事里，我反而成了第三者。也许我应该火冒三丈，至少应该为自己做些辩白吧？不过那又有什么意义呢？在她连载完之后，我心里无比平静，这一点连我自己都感到惊讶，原来我已经达到这种境界了，当时只有一种心情，一切已经过去，该放下的就都放下吧！

我喜欢看书，最喜欢看别人的故事，读别人的故事可以让我经历那些我没有经历过的事，避开前人曾经走过的弯路。纵观我的前半生，“放下”二字是引导我走出重重困惑的大智慧，如果不懂得放下，我不可能和姜哥走到今天。我对这两个字的领悟来自林青霞的师父圣严法师。圣严法师有一句话：“凡是碰到的问题，必须面对它，处理它，接受它，放下它。”记住这句话，许多时候就知道自己应该怎样做了。

在A小姐和B小姐的事情过去以后，我再也没有提起过这些人，因为我已经将她们通通放下了。后来A小姐嫁去美国，离了婚又回到台湾，那时我已经不在贸易公司工作，而是和姜哥开了一个韩国烤肉店。她来烤肉店找姜哥的时候，是我们第一次正式见面，我不仅大大方方地向她打招呼，还泡了茶让他们两个单独聊天。我想，时隔多年，物是人非，他们应该有很多话要说，于是我在孙中山纪念馆转了一大圈，估计着店里要开张了才回来。了解我的为人后，A小姐心服口服，在那之后再也没有找过姜哥。

姜哥似乎比我悟性更高，他是一个天生就会“放下”的人，无论A小姐还是B小姐，一旦事情过去了，他便可以彻底忘记。B小姐在报纸上的故事连载以后，我曾经问他：“你有没有看到B小姐连载的那篇文章？”他很茫然地看着我说：“有吗？我怎么都不知道？”看得出，他没有撒谎，也不会撒谎。一段感情说放下就放下，大概是因为这些人从来不曾走进他心里吧！

我很庆幸，你只愿意为我留下，我也很愿意，一次又一次为你放下。无怨无悔地付出能否换来想要的爱情，此刻的守候能否延续一生，从今以后是否可以不再受伤，这些我都不知道。我只知道相爱不易，相守艰辛，能够和你在一起，我已经满怀感恩。就让时间的流水冲淡悲伤，有你陪伴的日子就有花香，紧握的手不要松开，今后的日子带着我一起远航。

5.女人的选择，完美又绝对

人生是一份没有标准答案的答卷，当我们做出选择的时候总是认为这个答案就是我们想要的，然而漫长的年华里充满了变数，没有人知道当下的选择能否得到一个满意的分数。正如我们在千万人中只选择了一个他，做出选择的时候每一个人都十分确定，他就是今生要寻找的归宿，然而许多时候，执子之手与子偕老的山盟海誓都变成了一种讽刺，当初深深眷恋的爱人如今形同陌路，这不是我们想要的结果。

许多女人都会感到莫大的委屈，自己全心全意对他好，付出了自己所能付出的一切，为什么还会得到这样一个结果？我以为爱情和婚姻里总会出现各种各样的选择题，你此刻的选择决定了你的明天，女人委屈是因为她以为自己的选择都是为了对方，却从未站在男人的角度去思考。我不敢说在这三十几年里，我的每个决定都是正确的，但我收获了我想要的，即使在这个过程中经历过痛苦和煎熬，我也可以在垂垂老矣时为自己交上一份满意的答卷。

B小姐的风波平息以后，姜哥突然对我说："小凤，我不想作秀了。"我问他："为什么？"他说："我觉得自己每天都在欺骗观众。"

那个年代很多歌厅依靠名人作秀来赚钱，同一套秀一天表演三场，每场如出一辙，所有的问题和答案都是固定的，连续一个礼拜每天如此。姜哥是山东人，骨子里有一种个性，率直且真实，作秀实在不是他的风格，到后来他对我说："小凤，我作秀做到想吐。"

"可是我们的生活需要你作秀去赚钱。"我微笑着说，"不过如果你真的不想做了，我也不会勉强你。"有些事情最好让男人自己做决定，只有他最清楚自己想做什么、能做什么。我要做的就是告诉他我们所面对的现实，其余的事情就留给他自己去考虑，只要是他决定的事，我一定支持他。后来有一天，他很认真地对我说："小凤，我真的不想做了，我想要做生意。"姜哥没有做生意的经验，我不知道他的这个决定是否正确，但是他很认真，至少我能断定他会全心投入地去做这件事。也许存在一些风险，但不去做永远不知道能否做好，我不可以因为一个未知的因素去阻止他的脚步，于是我选择开心地接受这个决定，并尽我所能去支持他。

我有许多朋友都遇到过同样的困惑，家人的不支持、朋友的不理解让他难以抉择，放弃唯恐一生遗憾，坚持又担心最终沦为笑柄。我不会帮他做任何决定，也不会给他任何建议，我只是告诉他，无论最终他的决定是什么，每个人都要对自己的选择负责，有了这样的认知，就不难找到自己心中的答案。

那时，姜哥的歌唱事业已经到达巅峰，他希望自己的人生更加丰满，也可以让我过上更好的日子。我的父母一直很不看好我和姜哥的这段感情，因为姜哥在追求我的时候一无所有，无依无靠，他们担心女儿嫁给这样一个人会吃苦。不过我决定和他在一起的时候就已经想得非常清楚，如果真的要吃苦，那也是我的命。

认命不是妥协，而是一种认知。曾经有一位老师帮我看过手相，他说，和你交往的这个男孩子财帛宫是空的，他只要做事就有财源，不做事就空空如也，而且这个男人留不住钱，他的造化要自己一手去打拼。我心说真准，姜哥一来台湾，300美金就借出去200，当然我也不尽然相信他的说辞。不过自从姜哥不再唱歌，一门心思做生意，我们就一直在负债，直到他复出，我们的日子才慢慢好起来。虽然如此，我依然陪他坚持了12年，不为别的，只是因为他想这样做，我都会无条件地支持他。

姜哥一直说要让我过上好日子，因为我们最初交往的时候他一穷二白，虽然我的父母反对，我却从未有过任何犹疑，他总觉得对不起我，所以他必须更加努力。我知道他顶着怎样的压力，他愿意用心待我，我也愿意坚定如初。

还记得和姜哥交往之后度过的第一个新年，我让他送我回到乡下的家，不为别的，我只是想告诉母亲有这样一个人存在。母亲非常反对，姜哥那时还没当歌星，母亲百思不得其解，不知道这个人到底哪里好，从韩国来到台湾，没有家没有钱，也不知道未来在哪里。母亲问我，你为什么要跟这样一个人？爱一个人没有理由，我不知该如何向她解释，但是我知道母亲并不是一个看中金钱的人，她更担心的是另一个问题。我家隔壁的姐姐，大学毕业以后嫁去美国，七年没有回过家，母亲担心的是，万一我和姜哥结婚，他把我带到韩国去，她以后是不是就看不到我了。虽然我一直向她保证绝对不会，可她就是不信，居然到处找人给我安排相亲。

我们交往的第三年，姜哥发布了第一张专辑，他花了几万块钱买了一部二手老爷车送我回家，只是为了面子上好过一点儿。

车子买来的第一天，姜哥带着我绕着整个台北兜风。开到半路，档杆突然断了，因为车子太老了，至少用过二十几年，作为一部车子，也算是耄耋之年了。姜哥一只手磨破了皮还坚持开，好不容易有了一辆车，他打算带我绕台北好好逛一逛，直到整部车子都开始冒烟我们才停下来，原来是水箱里忘记加水了。站在一旁看着嗞嗞冒烟的车子，我们两个忍不住笑得前仰后合。

大年三十，姜哥开着这部老爷车送我回家过年，在台湾，我们的习俗是晚上6点吃团圆饭，吃过团圆饭，姜哥再回去和姐姐过年，他们继承了老家的传统，晚上12点吃饺子。姜哥离开以后，母亲便开始碎碎念，她说你看他走路飘飘的，看起来好像有问题。她总是把姜哥形容得一文不值，我虽然很生气，却也无可奈何。这一次更离谱，对姜哥诸多挑剔没完没了，我也懒得争辩，要说的话都已经说过了，实在不知道还能再说些什么。

我在劈柴，母亲则站在我身边滔滔不绝，最终我气恼不过，将柴刀往地上一摔，扭头就走。从小到大，母亲对我们家教甚严，我们几个孩子从不敢同母亲大声说话，我那天也不知怎么了，竟然这么不懂事。我对母亲说，我的人生我知道应该怎么走，请你以后不要再说了。

母亲是一个知书达理的人，小时候，我们每天都会听她讲很多人生的道理，诸如怎样接人待物，人要有恻隐之心等，我所坚信的许多东西都是从她那里继承来的，所以我很感激她，也很理解她。母亲在姜哥的问题上诸多苛刻，无非是担心女儿的幸福，可是爱一个人是我的权利，我不想她干涉我的感情。

走出一段距离后，弟弟骑着摩托车从后面追上我，他说："你很不孝哎，你这样一走了之，妈妈这个年还要怎么过。你要嫁给谁我们都不反对，你和小姜要怎样我也不去管，但是你不能阻止妈妈为你操心。她是为你好，现在你和小姜没结婚，妈妈还来得及提醒你，等你们结婚以后再说，什么都晚了。"

我觉得他说得有道理，于是坐上弟弟的摩托车回家，准备和母亲做一次长谈。我告诉母亲，为何我认定了这个男人，如果她不能支持我，我和姜哥不会幸福。最后，我对母亲说了一句话，这个男人没了父母，他需要我的照顾，我愿意付出，也愿意照顾他，不管我有没有嫁给他，这一辈子都放不下他了。母亲说，他现在一无所有，尚能对你呵护有加，有朝一日他飞黄腾达，弃你而去怎么办？我说，那是我的命，我命该如此，怪不得别人。母亲没有再说什么，她既没有反对，也没有同意。

也许母亲在静观其变，若是姜哥对我一心一意，也许她就不会反对了。所以姜哥那些绯闻我通通都不让父母知道，无论发生什么都是我们之间的事，我不会离家出走，也不会回家向父母诉苦，我绝对不会告诉父母我们之间发生了怎样不愉快的事。我不要他们为我担心，也不要姜哥给他们留下任何不好的印象，有些事我们自己能够放得下，父母却未必，让他们知道不但于事无补，有时反而会雪上加霜。

直到现在，母亲以及任何一个认识姜哥的人都说他是个好男人。俗话说，家丑不可外扬，对他形象有损的事我从来不会做，所谓物以类聚人以群分，男人的形象代表了女人的品位，一荣共荣一损俱损。

过了一段时间，母亲终于松口了，她说："你们要交往可以，除非他有房子，否则我不可能让你嫁给他。我并非对他有所苛求，我要的是你们两个人的安定，否则他拿什么给我女儿稳定的生活，难道要我女儿跟着他四处搬家吗？"

我们交往的第四年，《驿动的心》即将发行之际，公司发给姜哥一笔钱，我在香港的干妈把她在台北松江的房子卖给我，我们终于住进了自己的家。母亲说买了房子就要订婚，没有订婚怎么住在一起，同年，我们两个订了婚，那是属于我们的1987年。

生活中总会出现各种各样的阻碍，你可以选择苦苦执着，前路如何皆是未知数；也可以选择被困难所摆布，距离你想要的越来越远。前提是你真的想清楚了什么是你想要的，那么为了这个目标，一切阻碍就都不是问题，即使前路荆棘遍布，执着就是你手中最锋利的剑。

我想要的再简单不过，和深爱的人在一起，平凡的人生已经充满了不平凡的意义。可生活本身就是世间最精彩的剧本，你永远也不知道下一刻会发生什么，于是平凡竟也成了奢望。

《驿动的心》发行之后再一次红遍台湾，《再回首》家喻户晓，就在这个时候，姜哥结识了一位韩国女星姜小姐。当时，姜小姐到台湾拍摄电影，由于语言上的障碍，片场的人没办法和她沟通，恰好其中一位工作人员认识姜哥，于是请姜哥过去帮忙，介绍了这个女孩子和姜哥认识。

我个人觉得这个女孩子可能在利用姜哥，因为她在台湾人生地不熟没有人能跟她进行语言交流，这个时候姜哥的出现可以为她提供许多便利。姜小姐拍摄完毕离开台湾之后，一些绯闻随之而出。

过了没多久，姜小姐回台湾做电影宣传，让姜哥去她所在的酒店见她。我没有阻止，但我心里有过挣扎，因为我不知道绯闻是真还是假，抑或是宣传需要。那天晚上姜哥很晚回到家，我心中已经生出芥蒂，当我听到他说第二天要去一趟高雄，那把无名火噌地蹿上心头，敏锐的直觉告诉我，他要陪那个女生一起去。

行李收拾妥当，气氛越发微妙，谁也没有说话，却嗅得到空气中弥漫的硝烟味。我将行李拦在手边，说："你先不要走，我想和你聊一聊，聊完了你要走我就让你走。"

他坐在沙发里，一声不吭。

我说："从认识你到现在，外面的风风雨雨我从来不管不问，现在我要你告诉我，你要陪她去南部的原因是什么。"

他矢口否认："没有啊，我哪有要陪她去。"闪躲的目光却不敢与我直视。

"你看着我的眼睛告诉我，没有吗？"我问他。

我希望听到他亲口回答，只要是他说的，我都会相信，因为我知道他不会撒谎。

他窝在沙发那头，怀里抱着枕头，一言不发。

答案已经很明白，我心里最后一丝希望荡然无存，如果今天拦不住他，后面会发生什么实在难以想象。我说："你真的要去也可以，今天话已经说到这个地步，如果你依然坚持要从这个门走出去，那我就从阳台出去，看谁先到一楼。"

我家在五楼，说这话的时候我很认真，我并不是用死来威胁他，我只是请他清醒一点儿，新闻都已经出来了，难道你没有顾虑到我的感受吗？我已经忍让到这个程度，话也说到这个地步，你还要坚持陪她去南部吗？此刻我的心情如波涛汹涌难以平复，失望和委屈冲破心灵的闸门倾泻而出，化为两行清泪，悄然滴落在手背上。

姜哥不敢去拿行李，也不敢回答我，就那样一直窝在沙发里，直到傍晚都不敢出门。

事情到此为止。我不再追究，他也懂得点到为止。

我之所以能够一次又一次原谅他，是因为我知道姜哥是一个认家的男人。不管他和朋友喝酒喝到多晚，他从来不会不回家。即使喝得烂醉如泥，他也能找到家门口，门铃一按，便瘫倒在地，因为他知道我会出来接他，所以他会放心大胆地睡过去，不管我怎么拖怎么拽，他都纹丝不动，因为他知道自己到家了。

他心中有家，所以我会对他一再放手，让他去做他想做的事情，不管他在外面做了什么，最终还是要回家的。如果我当初自私一点儿，将他紧紧地绑在身边，可能我们两个也不会走到今天。某些时候，女人要学会放手，该争取的一定要争取，不该争取的绝对不要强求，强求来的东西永远不会长久。

时隔一年，姜哥出了一张韩国歌专辑，朋友提醒他说："你不是和韩国的姜小姐很熟吗？不如去韩国找她拍MV。"姜哥回来问我："我可以去韩国吗？"我说："可以呀！"他说："那我会去找这个女孩子。"我说："没有关系，只要你告诉我的我一定相信你。我想得很透彻，只要你把感情斩断，只作为朋友来往我是可以接受的。"

每个人心里都有一把尺子，要怎么衡量，从来没有标准答案，可是我永远选择相信他。但是一旦让我知道他说了谎，这层信任的关系就会被打破，那种感觉就永远也找不回来了。所以我会告诉姜哥，你可以不说，但是不要对我撒谎，那么我也会选择继续相信你。你若想打破这种关系，我从此不会再相信你说的任何一句话，若希望永远保持现状，我们便各自遵守约定。

姜哥去韩国之前，我告诉他，这一次你一定会扫兴而归。从韩国回来以后，我问他，谈得怎么样？他说，没有见到她。我问他为什么，他说，她找经纪公司出来跟我们谈，还开了一个天价。这个结果，我早已料到，我说你现在知道了，这个女孩子很现实吧？你以为你曾经是她的朋友，她就会给你一个薄面，可是谈到钱的时候她就把经纪人抬出来，连面都见不到。因为价钱谈不拢，这件事不了了之，这张专辑也没有再拍MV，虽然在台湾发行了，但是没有做宣传，从这时起，他和那个女孩再也没有半点联系了。

姜小姐不是最后一个，只能算作一段插曲，现在谈起这些事，我会觉得很有趣，但在事情发生的当下，却让人感觉颇为无奈。人只有从一些事情当中走过来，回头看的时候，才会觉得那是必须经历的一个过程。还好在这个过程中，我一直都选择让他留下，如果当初选择放手，我很难想象他今天过的是怎样的日子，因为我觉得这个世上除了我，很难再有一个女人能比我更用心地待他，如果是这样的话，我当真不放心让他离我而去。

这是一个女人的本分，用心守护这份感情而已，不管大千世界有怎样的诱惑，女人都要知道，这个世界上只有老公才是最重要的。记得看相的老师曾对我说："你此生有三段姻缘，两个是来还你的债，一个是来向你讨债，你偏偏选择了那个讨债的。"缘分天注定，既然我选择了那个讨债的，我就有责任守护这段感情。

他说的这两个还债的，一个是我的高中同学，随叫随到，任凭差遣，就像我的保护伞，永远都会站在我身边。但是他为人木讷，不太会表达，我和姜哥确定关系以后他才说喜欢我。我拒绝了他，他问我："为什么姜育恒可以做你的男朋友我不行？"我说："首先，我们认识在先，你却从来没有透露过你喜欢我，现在看到我和别人在一起才向我表白，爱情的味道已经变了。其次，我已经在和姜哥交往，你现在向我表白让我离开他再接受你，这个绝对不可能，如果我这样做，就是背叛。"

在我和姜哥分手的那三个月，他一直默默地守在我身边，怕我想不开，连过马路的时候都会牵着我的手，担心我会出事。那时他在部队当兵，每个假日都会回来找我，每天早上6点从部队出发，花两小时到我家，在我家楼梯口从8点一直等到10点，等我睡到自然醒，才会按门铃。最离谱的是他居然跑到我乡下的家里向我父母提亲。可是我一直把他当作朋友，我也不想失去这份友谊，一开始没有选择你，错过就是错过了，如果在我和男朋友分手以后才去找你，岂不是践踏了你的尊严？就算我们在一起了，日后吵架的时候，如果你拿以前的事情出来说，那样对彼此的伤害会更大。与其如此，我们不如保持现状，还能做一辈子的朋友。

另一个来还债的是我在贸易公司上班的客户，他从意大利留学回来，为人非常绅士，每天把早餐送到我公司的门卫室，偶尔还会带我去吃中饭，帮我开车门，为我拉椅子，细致周到，贴心得很。他的父亲是银行经理，母亲是大学教授，他是家里的独子。但世间万物皆有序，如果要怪，只能怪你来得太迟。只是那时我和唱片公司有约定，不能透露自己是姜育恒的女朋友，所以没有告诉他我有男朋友，但我总归于心不安，有些欺骗人家感情的意味。为了弥补，我陪他看了一场电影。

一次和姜哥聊电影，我说："这个电影不是看过了吗？"姜哥说："我哪有看过。"我脱口而出："不是我们一起看的吗？"话已出口，我突然意识到自己说错话了。虽然姜哥没有追问，但这件事提醒了我，不可以继续这样，我应该调整一下状态，无论如何都要和那个男孩子说清楚。

一天，我把他带到姜哥姐姐开的餐厅去吃饭。我一边思考如何解释才能让他接受，一边慢慢地说："这家餐厅是一个歌星的姐姐开的，那个歌星就是姜育恒。"他很惊讶地问我："是真的吗？你跟他很熟吗？"我说："我的确跟他很熟，今天我之所以带你过来吃饭是想告诉你一件事情，姜育恒是我的男朋友，我们认识很多年了。"

他立刻傻眼了，他说你在开玩笑吗？我说，这是真的，因为我答应了唱片公司，不可以公开我的身份，但是我不想你再继续为我做什么。我把这件事告诉你，因为不想让你觉得我在欺骗你。以后，我们仍旧可以做朋友，你还是我的客户，我希望不要因为这个影响到我们两个生意的往来。我也不想你认为我要跟你做生意才欺骗你的感情，所以我想把这样的感情结束。

他是个很有气度的人，所以我们依旧以客户和朋友的身份来往。从那以后，他常常去那家餐厅吃饭，事情的结局比我想象中圆满。

同这两个人相较而言，姜哥属于典型的大男子主义，家里的事情从来不插手，倔强固执，脾气火暴。但爱人是不可以拿来同别人比较的，也没有必要去比较。如果当初这三个人同时向我表白，也许我还有选择的权利，但是我已经先选择了姜哥，那么无论其他人有多好，都和我没有任何关系。这是女人必须有的认知，三心二意的人，没有资格得到别人的一心一意。

有人说，人生就是一连串的选择题，困扰我们的往往不是问题本身，而是因为选项太多，没有人知道哪个选项才是正确的，因为本来就没有标准答案。不同的选择通往不同的终点，然而终点是好是坏，还要看下一道题你的选择是什么。在我的众多选项中，永远会出现一个名字，那就是“姜育恒”，只要他愿意牵着我走向终点，我永远只会选择他。不管我们推开了哪扇门，不管我们踏进的是清潭还是沼泽，只要有他相伴，人生就是完美没有缺憾的。没有任何高尚的理由，只是因为他也在众多选项中选择了我。

6.不知哪里可以让我停留

我曾为姜哥的感情问题感到困惑，也可以只因为他的只言片语就会满足，也许付出与回报无法对等，但我却甘之如饴。我常常想，也许我存在的意义就是为了这个男人，他的快乐就是我的快乐，他的成就也是我的成就，他想做的事我不遗余力，只要他愿意，哪怕刀山火海，我也毫不犹豫。当“姜育恒”三个字家喻户晓时，作为他身后的女人也感到无比骄傲，一路走来，我默默地仰望，陪着姜哥走上一个又一个人生巅峰。

曾经有一段时间，姜哥的歌唱事业遇到了瓶颈，他因为没有令人满意的作品而感到苦恼。台湾有一位音乐人叫梁弘志，2004年已经辞世，但是他创作的许多歌曲都成了经典。我们与梁弘志相熟，于是请他帮忙为姜哥量身定做一首歌，诠释姜哥只身漂泊流浪异乡的心境。过了几天，梁弘志回复我们说：“姜哥，我为你写了一首歌，非常适合你，这首歌叫《驿动的心》。”《驿动的心》在拍摄MV时就是依照姜哥的经历，一辆由远及近的火车是他流浪的开始，一个背着吉他的男孩子是他孤单的身影，寥寥数语，姜哥的愁绪、落寞、不安、渴望深入人心。

歌手通常都会在一段时期产生疲惫感，没有好歌就没有唱歌的激情，那些日子姜哥正处于这样一种状态。是《驿动的心》再一次点燃了姜哥对唱歌的热情，事业也随之进入一个新的高度。这张专辑是姜哥加盟飞碟唱片的第一张专辑。

1989年，一首《再回首》成为姜哥的巅峰之作。这首歌的原唱苏芮也是飞碟唱片的歌手，唱片公司认为女声有女声的味道，男声有男声的感觉，于是打算在公司内部找一个男孩子尝试一下，最终姜哥成为了这个幸运儿。可以说是《再回首》成就了姜哥，也是姜哥成就了《再回首》。飞碟有一位御用作曲人，号称台湾第一音乐鬼才的陈志远，他在一张纸上洋洋洒洒写了几句话，这首歌的歌词就改好了。

拿到这首歌之后，我和姜哥坐在床上反反复复地听，用心去感受去理解。我当时就对姜哥说，如果说《驿动的心》是你的重新开始，那么《再回首》会再为你创造一个巅峰。为了这张专辑的宣传，我们第一次到大陆拍摄 MV，姜哥首次回山东探亲就是在这个时候。这一次，《再回首》真的红遍了大江南北。

1992年，琼瑶开始拍摄《梅花三弄》，为电视剧主题曲寻找合适的人选。琼瑶说，台湾只有一个人适合唱这首歌，这个人就是姜育恒。那时候姜哥还在飞碟唱片，琼瑶请她的助理亲自把资料送到姜哥手里。我们第一次拿到这首歌时觉得有些奇怪，近乎文言文的歌词和当时的流行歌曲截然不同，后来才知道这部电视剧是古装戏，所以词曲必须符合故事的意境。为了将这首歌完美地诠释，我和姜哥每天从夜里听到天亮，一字一句地研究该如何去唱，所以原本安排三天录一首歌，但姜哥竟可以一天录两首。

由于我们一直身在台湾，所以只知道这首歌在台湾反响很好，并不知道姜哥在大陆的人气有多高。直到2000年前后，我第二次到上海，那时上海有一个十分繁华的地方叫襄阳路，类似北京的秀水街。走在这条路上，道路两边每家店铺都在放《梅花三弄》这首歌。我第一次知道原来姜哥的歌在大陆也这么受欢迎。就在此前不久，姜哥生意失败从头再来的消息已经被刊登在台湾大大小小的报纸上，也正是看到姜哥在大陆的人气，我才更加坚定地要姜哥来大陆发展。当然，这都是后话。

关于姜哥做生意这件事，很多人都知道，最终以我们背负巨额债务而告终，可以说，那12年是我人生中噩梦般的经历，但也不能否认，我们的人生因为这样一段经历而变得更加精彩。

从我们拥有了第一栋房子开始，慢慢积累财富到1000万台币的现金，姜哥终于做出决定，他对我说，小凤，我不想唱歌了，我想要做生意。其实在发行《驿动的心》的时候，姜哥就已经把钱拿去做投资并且亏损，但那时他还坚持一边唱歌一边做生意，现在他再一次提出来，我知道他是真的不想唱了。

从最终的结果看，姜哥的确不适合做生意，但对当时的我来说，我实在没有理由阻拦他，我认为他有权选择自己的人生，而我要做的就是无条件地支持他，并且尽我所能去帮助他。

毫不夸张地说，姜哥的生意从一开始就一直在亏损，1991年，大藏建设公司开业，每个月仅仅日常开销就要120万，加上公司所做的投资，近两年的时间，就令我们负债几千万。从有到无，从无到负债，我开始了长达12年的长跑，日复一日年复一年地同金钱赛跑。因为姜哥是一个很爱面子的人，出去借钱的事他不会去做，所以这些债务通通落到我的肩上。为了这些债务，我不仅要把房子抵押给银行，外面还背上了高利贷，每天一睁眼，满脑子都是“借钱”，一部分用来还债，一部分用来支撑姜哥的生意。欠下的债务如同滚雪球，我不得不想办法借到更多的钱来还债。我也知道这个方法如同饮鸩止渴，可是我没有更好的办法，一旦银行和高利贷的利息无法按时还款，我知道那对我意味着什么，一旦没有足够的钱维持公司的运营，我也知道那对姜哥意味着什么。所以我不可以松懈，不可以放弃，我就像一只眼前挂着一根胡萝卜的驴子，明知永远吃不到，却依旧在奔跑，不是因为愚蠢，而是因为姜哥需要我这么做。

那段日子是我人生中最灰暗的时期，每每回想起来我都会忍不住难过落泪，说生不如死一点儿都不夸张。我当时的想法很简单，只要姜哥不再有风花雪月的事情，有没有钱对我来讲都不重要，我也不会责怪他做生意亏了多少钱。

女人啊，永远是那么傻！正当我沉浸在为自己编织的“幸福”里，一个晴天霹雳却将我唯一的精神支柱击得粉碎，一瞬间，我的世界轰然崩塌。

事情还要从苗秀丽和张小燕创立开丽创意唱片公司说起。原本，苗秀丽打算邀请姜哥一起合伙投资，姜哥答应去帮忙，由于种种原因，投资的事暂时搁浅。所以开丽创意的第一个歌手就是姜育恒。后来这家公司又捧红了大家熟知的小虎队、红孩儿、少女队，徐若瑄就是少女队成员。为此苗秀丽一直坚持要给姜哥一份干股，我觉得当初我们没有投资，现在赚钱了怎么可以去分人家的一杯羹？姜哥的想法与我不谋而合，所以我们从来没有认过这份股权。

以姜哥的性格，他从来不担心长江后浪推前浪，他永远以大哥自居，照顾着这些年轻的孩子，不遗余力地提拔他们。所以我也会把他们当作弟弟妹妹看待，吴奇隆、苏有朋都是我看着一路成长起来的。那时我开着韩国餐厅，只要他们看到我在里面就一定会进来吃饭，我会亲自为他们下厨，看他们吃得开心，我也有一种满足感。其中有一位C小姐是开丽签的最后一个歌手，跟着姜哥拍了一部电视连续剧，在里面演姜哥的女朋友。后来姜哥有一首歌叫《戒烟如你》要拍摄MV，他还在犹豫找谁来拍，是我坚持把C小姐推荐给他，我说她跟你一个公司的，你不捧她捧谁呢？我自认为对这些孩子毫无保留，掏心掏肺，可就是这个女孩，居然背着我，和姜哥出了新的状况。

有一天苗秀丽打电话给我，她说小凤，我从一开始看着你和姜育恒走到现在，我觉得我和小燕对你有一份责任，有些事一定要让你知道，你这么单纯这么信任我们，我们不能让你受这种伤害。这时我才知道姜哥和C小姐走在了一起。起初C小姐由于感情失败向姜哥诉苦，姜哥是一个很好的倾听者，分析能力强，又有同情心，便去安慰她，后来不知什么原因让两个人越走越近。

我以为经过了那么多事，我已经可以做到冷静地处理这些问题，可是听到这个消息的时候，我只感觉到一根棍子插进了心里，那不是单纯的痛，而是几乎窒息的无力感，这一切恍如一场噩梦，我多么希望醒来的时候发现一切都是梦境。可逃避改变不了任何结果，现实总要去面对，每每想到这一点，我只会更加心痛，我每一天都在帮你想方设法借钱周转，你却在这个时候犯这样的错误；我待她如家人，毫无保留地帮助她，她又是怎样回报我的？如果说之前的错误是不知者不怪，那么这一次就是彻底的背叛，她非常清楚我和姜哥之间的感情，却可以如此伤害我，这样的现实要我如何面对？

我反反复复在想，自己到底是有多么苦命才会遭遇这么多的伤害？前世欠你的债到底何时才能还清？原本以为只要付出一切，总有一天会还完，直到你欠我为止，这样就算离开你我也不会痛苦。佛学里讲，只要觉得心痛，就是还欠着债。可是我赔上十一年的青春来还你的债，为什么时至今日，一想到要和你分离，我还是会痛到如同割掉自己心头的一块肉？

身上的伤口十天半月就会愈合，心里的伤痛可能三年五载甚至一辈子都无法触碰。所以这些年我总是抱着这样的心态，不断地说服自己要留下来，留下来还你的债，留下来就不会那么痛，留下来就还有机会……这些你真的感受不到吗？这些伤痛你真的可以视而不见吗？一而再再而三地犯同样的错误，我的坚强和骄傲又能支撑多久？这一次，我真的没有办法再去转换自己的心态了。

曾几何时，我单纯地以为改变不了你就改变我自己，只要我尽全力做到百分之一百甚至百分之一千，总有一天你会感动，会明白我这个女人是值得你来珍惜的。可是当我已经做到这种地步，你还可以这样伤害我，我真的不知道自己还能再做什么。

再一次面对姜哥，我把所有的委屈、痛苦、无奈、悲哀通通向他倾诉，我依然还是这样认为，只要我们没有结婚，你就有选择的权利。我没有办法去责怪你，我只是想说我们走到今天还在为这种事情谈话，我要好好想一想这些年到底值不值得。这一次，没有原谅的条件，因为我想结束这样的感情，就让一切到此为止，继续下去我的伤只会越来越重。

这次谈话，他第一次承认了所有的女人，原来他竟然一直以为男人有七情六欲是很正常的。可是有一点他和我是一样的，只要我快乐，他愿意做任何事。如果离开他我真的能走出阴霾重新开心起来，他愿意让我走，但他知道我离开他不会快乐，所以每一次他都不肯放我离去。当伤害要劈到我身上的时候，他愿意替我去挡那把刀，这也是为什么我一直都愿意留下来。原以为是我不肯离开他，却发现一直都是他在拉紧我的手。但是这一次，他知道伤我太深，已经没有资格再挽留我，于是他选择了放手。我们之间第一次协议分手了。

我自认是一个脾气倔强的人，和同样倔强的姜哥在一起，我可以收敛自己的个性，控制自己的脾气。我自认是个一身傲骨的人，面对姜哥一次又一次的错误，我可以放下自己的骄傲，随时为他敞开回家的大门。我自认视他如生命一般，对他的付出毫无怨言，为他的事业不遗余力。但我不是圣人，付出了全部却一无所有，我也会疲惫，也会失落，也会反省是不是我们真的不合适。11年的相伴相随，如果不是因为我所做的一切不能令他满意，他为什么要去找其他女人？11年的相扶相持，如果不是因为他想放弃了，为什么会如此伤害我？我累了，心凉了，即使与我想要的背道而驰，我也无力再向前挪动一步。我似乎看到我们在人生的岔路口分手，望着他渐渐远去的背影，我好想痛哭一场，却发现眼泪已流干，只剩下心中的伤口依然在滴血。

如果有一种酒可以让人沉醉，我愿意宿醉不醒也好过深夜流泪；如果有一个地方可以令人忘忧，我愿意忘记自己也好过眷恋你往日的温柔。我想寻找一个地方可以让我停留，我不想再徘徊于你常常经过的路口。可是，如果从此真的要说再见，我不知道这一次还能否放下，也不知道还能否回到最初的起点，因为我知道，无论曾经还是未来，我的生命里只有你，即使我们就此分别，我的牵挂也会追随你一生。

驻足不前，只能无助地看着你渐渐远去，想追上你，却无法原谅自己的卑微，人生的道路上，来来往往的人那么多，却没有一个人能告诉我应该怎么做。如果这是命运的安排，那么就此放手吧，放手就不会再有伤害，也不会再有羁绊。挥手告别吧，告别曾经的痛苦和煎熬，也告别昨天的幸福与欢笑。我怀着无以名状的心情，写下这样的文字，然而更多的问题困扰着我，如果离开了这个男人，还有哪里可以让我停留？

第二章　失所·罪

1.如果一生，我只能爱一个人

放手不代表放下，不相见不代表不想念，11年的感情不是一阵挥之即散的风，也不是一场虚幻缥缈的梦，即便充满了苦涩与辛酸，至少我还能感受到自己的存在。而今，离开了姜哥，我还能为了谁而活，我存在的意义到底是什么，从明天起我又能做什么，我一无所知。偌大的世界茫茫一片，我像个迷路的孩子只身游荡其中，看不清周遭的一切，漫无目的地寻寻觅觅，到底哪里才是我的归途?

如果就此迷失，恐怕一生便止步于此，即使活着，也是一具没有灵魂的躯壳，然而上苍怜我，在这一片混沌之中为我点亮一盏明灯，指引我走出心灵的雾瘴，引领我在迷途中返航，这盏明灯就是阿弟老师。

和阿弟的结缘是一个偶然，而今看来应属命运的必然，如果没有阿弟，我和姜哥也许早已缘尽20年前，如果没有阿弟，我也不可能独自支撑12年的债务。在我和姜哥的情感世界坍塌的时候，是阿弟让我看到一丝光明和希望，也是阿弟帮我斩断前路荆棘，让我义无反顾地奔向姜哥的背影。

第一次结识阿弟是在我和姜哥分手不久以前，那时姜哥的生意不是很顺利。一天，李亚明突然找到我说："小凤，我今天去见一位陈老师，顺便把你和姜育恒的名字给他看，他说得太准了！"我问："那位老师说什么了？"他说："陈老师讲道，姜育恒现在有三个贵人都是女人，他这辈子欠男人的，女人欠他的，这三个女人中有一个处境很惨。”

我激动得差点跳起来，陈老师说得太对了！那个很惨的人就是我啊！那时候我们负债累累，我每天帮姜哥处理数不清的债务，我害怕睡觉，害怕醒来，因为一睁开眼睛就要到处筹钱。今天借钱还了昨天的债，明天再借钱还今天的债，每天循环往复，不知道什么时候才是尽头。姜哥身边的女人还有哪一个比我更惨的？

通过我和姜哥名字就能看到这些，我相信陈老师有些本事，于是决定拜访一下这位陈汉弟老师。我并不是一个迷信的人，只是人在困境中，意志力往往会变得薄弱，自然而然就想到求神问卜。那些日子，我常常问自己，支持姜哥做生意到底对不对，这样的日子还要过多久，明天的债务我要如何处理，可却没有一个人能够告诉我答案在哪里。面对重重债务，我已经无能为力，下一步到底该怎么走，我毫无头绪。我的无助我的苦恼没有人能够帮我，除了请求上天给予些许提示，我已经想不到更好的办法了。于是我通过一位与阿弟老师相熟的朋友约好星期六前去拜访。

星期六，我如约而至，阿弟老师却不见踪影。询问庙中人才得知，阿弟老师坐禅七日，只能下个星期再来拜访。第二个星期六我再次登门拜访，谁知阿弟老师又不见踪影。如果说第一次的擦肩而过是巧合，那么连续两次都不得见就绝不是单纯的巧合了，我猜想他大概是不想见我，所以才故意避开，可是什么原因，我实在不得而知。

缘深缘浅，相见都是必然，谁能想到最后一次终于见到他竟是在我家。那些天，与阿弟老师相熟的朋友出于某些原因一直住在我家，阿弟老师特意过来给她送一把金刚经折扇，帮她渡过难关。原来许多事冥冥之中早有安排，两次登门拜访都见不着，此刻却近在咫尺。于是我让朋友请他上楼，可因为一些忌讳，阿弟老师从来不进别人家里。直到朋友告诉他家里没有外人，姜育恒也在家，他才答应上来。这是我们第一次见面。

那天，他讲述了许多他和姜哥的累世因缘，这不禁让我疑惑不解，既然你们缘分这么深，那你为什么对我避而不见呢？阿弟老师说，因为我没有见到姜育恒之前没有办法见你，我跟你的缘分没有到。我恍然大悟，缘分自有先后，缘分到时自然会出现，缘分未到时强求也不得。

阿弟的出现对我们影响很大，在那些困苦的日子里，他是我和姜哥的精神支柱，也是我开启万般智慧的心灵导师。认识阿弟以后，我开始思考人生，思考我存在的意义，思考人生的态度，思考和姜哥在一起的这些年我所有的经历、原来一个人是否快乐顺意并不在于命运的安排，悲苦的生活依然有快乐的人生，富足的生活也有空虚的灵魂，想要怎样的人生要看你有多少智慧，懂得以智慧经营生活，才能得到真正的快乐。阿弟为我开启的智慧让我在后来的二十几年里受益匪浅，只是生活远比想象中更加残酷。

初见的那日，我请阿弟为姜哥看上一看，他说，姜育恒必须经历12年的困苦磨难才能脱离苦海。一瞬间，百感交集，我彷徨无望，却又不可以软弱。那时姜哥做生意才四五年，12年意味着我的灾难才刚刚开始，12年意味着今后我还要面对大半的日子。日复一日年复一年的债务让我感到窒息，我还能够转换心态坚持走下去吗？

能与不能尚且未知，想与不想都改变不了现实，我唯一能做的就是在阿弟的指引下积极面对，只要挨过最惨淡的12年，我们总会迎来一个春天。我开始跟着阿弟拜拜，拜拜是台湾的说法，不管过年祭祀神明祭拜祖先还是个人求愿都可以叫作拜拜。我拜拜并非求神问卜，也不是想要得到什么，我只是以此在心灵上寻找一种寄托，让苦难的日子多一分希望。阿弟说当下他帮不到我什么，但是他能看到，我的福气在后面，我是越老命越好。

就是这样一句话，让我对未来充满信心，吃得苦中苦，方为人上人，如今的一切苦难皆是上苍对我的考验，所以我非但不觉得苦，反而可以从中体会到快乐和满足。我常常问阿弟，姜哥现在的境况如何？最初阿弟说，姜育恒跌进谷底，掉到了海里。过一阵子他又说，海水已经淹到他的鼻子。到后来，他说姜育恒整个人都被淹没，只剩一根吸管维持呼吸。可以想象，姜哥做生意的那12年不是一句“人生低谷”就可以形容的，我们完全被淹没在债务的海洋之中，汹涌的暗流不停地拍打着我们，将我们越推越远，如果当年姜哥没有及时回头，没有过人的意志力和坚定的信念，“姜育恒”三个字可能早已沉入海底，成为歌坛上昙花一现的美好回忆。

然而，就是在这样的情况下，姜哥和C小姐的事情出来了。

我难以接受，也无法理解，这些年和他相互扶持的是我，在他最凄惨的时候伸手拉住他的也是我，为什么他还可以这样伤害我，是不是我哪里做错了？

不必我多说，阿弟已经看到是谁将这些事情告诉给我。我第一个反应就是要他千万保密，如果姜哥知道是苗秀丽和张小燕她们两个，他一定不会再同她们合作了，那样会影响他的前途。说完这话，我苦笑自己的痴愚，已经到了这个地步，为什么还是会本能地为他考虑。

纸终究包不住火，没多久姜哥便知晓了，原因是苗秀丽和C小姐进行了一次谈话，苗秀丽告诉她，如果她再和姜育恒纠缠不清，唱片公司就不再给她发片。但是C小姐认为自己年轻漂亮，有办法把姜哥从我身边带走，结果可想而知。不过因为这件事，姜哥猜到是苗秀丽把事情透露给我，他那么爱面子的人，如何能面对自己的隐私被人撞破，于是和苗秀丽分道扬镳。这些事我也是后来才知道。

最初那些天，我几近崩溃，阿弟知道我和姜哥分手以后连续三天约我喝咖啡，他反反复复地对我说：“你一定不能放手。”我不懂，他伤我至深，为什么我不能放手？阿弟说："你一旦放手，姜育恒就完了。"

我又何曾没有想过，当下是他负债最多的时候，几千万台币的债务要他一个人如何处理？他自尊心那么强，不可能对人家低声下气地借钱，到时他要何以自处？

所以阿弟说，小凤，一旦你放手，姜育恒这辈子就完了，从此以后再也没有"姜育恒"这三个字，这就是你希望的结果吗？他说，你们在一起十年，经历过那么多的事，难道你还没有发觉，你们两个在一起一个人痛苦，分开就变成两个人痛苦，与其如此，不如一个人来承担。我怒气未消，听他讲这样的话既委屈又气愤，难道注定要牺牲我来成就他吗？阿弟说，谁让你爱他呢，上辈子欠的，这辈子就要还，你这辈子就是要来成就他的。

这样的理由实难让人信服，我也想不到还有什么值得我继续为他付出的。于是连续三天，阿弟向我讲述姜哥累世的故事，其实我是听不进去的，我的心还在痛，我还在难过，还在反思，这十年间我都做了些什么。我付出了十年的青春，如今却要以分手作为结局，我为他扛起了所有的债务，得到的却是情感的背叛。我想不通，我到底做错了什么要得到这样的惩罚？

阿弟避开我的问题，冷静地对我说："你所做的一切都是为了姜育恒，既然你选择了他，为他付出了十年的心血，此刻是他最需要你的时候，你更不可以放任不管，你一定要救姜育恒，只有你才能救姜育恒。"

我苦笑，只有我能救他？那么我救他上岸以后呢？会再次遭到背叛或是抛弃吗？我还经得起这样的磨难吗？我问阿弟，你不是能看到未来吗？你告诉我，我的未来是什么？这次选择原谅他，是不是就可以换来他的感恩和珍惜？是不是就可以换来他的忠诚和专一？如果不是，我又何必为他人做嫁衣？

阿弟从来不为别人看感情，但那一天他却说："为了你和姜育恒，我愿意来做这个担保，你们两个马上结婚。”

我怔住了，似乎没有听清他在说什么，姜哥出了这种事，我仍旧怒气未平，阿弟却要我们在此时结婚，如果他不能给我一个合理的理由，我绝无可能做到。

阿弟说：“你放心，这些事情交给我，我会把姜育恒的烂桃花斩得干干净净，你们结婚以后，我保证让你从此不再为姜育恒的烂桃花感到烦恼。”早在姜哥开公司之前，阿弟就曾说过：“姜育恒，你这辈子的桃花太多，而且都是野桃花，人见人摘，每个女孩子看到你都想摘。”所以阿弟才会承诺帮我斩断姜哥的桃花，让我安安心心嫁给姜哥，帮姜哥走出困境。

我承认，这的确是最令我困扰的事情，我不是不愿意原谅姜哥，而是怕了，我怕日后还会因为这种事情而受伤。于是我对阿弟说：“既然你都这么说了，我就再给他一次机会。”其实我心里清楚，自己这是在讲大话，给姜哥一次机会何尝不是在救赎自己？如果离开他，能不能走出去这段感情重新开始新的生活我真的不知道，可是我知道我一定比他更加痛苦，或许姜先生会比我坦然，三年两年就可以放下，但我却做不到。既然阿弟愿意向我承诺，那么我也愿意相信他，因为这是唯一能够说服自己挽救自己的理由。

为此，姜哥特意为我写了一首歌叫《在嫁我之前》，他说：“在嫁我之前，你要想清楚是爱我哪一点；在嫁我之前，想好你要的明天；在嫁我之前，你要张大双眼，不要你后悔对我抱怨；在嫁我之前，不要拿女人的青春来冒险。”我明白，他想让我好好想清楚再做出决定。他是一个不善于表达的人，只能通过歌声吐露自己的心声，他也知道自己犯过许多错误，只是他从来不会说对不起，也许在心中念过千遍万遍，却永远不会讲出来。包括说爱我，我也只能在他喝醉酒以后听到，所以我很期待他喝醉，因为每次只有喝醉了他才会说“老婆我好爱你”。不过没关系，不管是“对不起”还是“我爱你”，我知道他心里还有我就足够了。

1992年年底，我答应阿弟和姜哥结婚，阿弟选好日子，就定在1993年3月3日，取“散”之意，阿弟说要在那一天把所有的不愉快通通散掉，而且结婚当天一定要下雨，这样才能将过去的不开心冲刷干净。果然，我和姜哥结婚的那天晚上，滂沱大雨从天而降，听着雨水敲击地面的声音，我只觉豁然开朗，昨日种种如渺渺尘埃随之消散，明天又是一个新的开始，一个只属于我和姜哥的开始。

为了让我不再为姜哥的烂桃花发愁，阿弟为我们做了一件事让我很感动。他在庙里种了三棵桃花树，连续三天上香诵经拜拜，寓意把姜哥所有的烂桃花都种在这三棵桃树上，以此来破解姜哥的烂桃花。三天以后就是1993年正月初三，阿弟找了一辆车把这三棵桃花树送到台北的杨梅山上种下。他说：“小凤，从此以后你完全不用再为姜育恒的烂桃花发愁。”我相信，完全相信他，我也情愿相信他。为此我对阿弟一直十分感激，当我女儿出生的时候还让她认下阿弟做干爹，因为如果没有他，就不会成就我和姜哥的这段姻缘，更不会有姜汶婷的降生。

姜哥在结婚这件事上，显然比我更加喜悦，虽然我答应阿弟嫁给姜哥，心里的伤口却还未愈合，不能否认，可以嫁给姜哥我很开心，然而多多少少总有些伤感。典礼前的某一天，姜哥突然深情地对我说：“小凤，从我认识你开始，我就认定你是我终身的伴侣，让一切重新开始，我会给你一个永生难忘的婚礼。”能够听他说出这种话我就已经很感动了，这恐怕是他迄今为止最甜蜜的表白了，不管这场婚礼隆重或简单，于我都是永生难忘的。

就在我们结婚的前三天，姜哥拉着我来到了一个车水马龙的十字路口，在他神秘而期待的笑容里，我忍不住掩着口泪流满面。一面巨大的电子看板上，正在播放姜哥亲自录制的一段VCR，这段录影将要在这里连续播放三天，他要昭告所有人，他姜育恒要娶老婆了。姜哥在VCR里说，这一辈子做得最正确的一件事就是选择我当老婆。女人总是极易感动，顷刻间，我眼里的泪水夺眶而出，所有的苦痛和委屈只为这一句话化为乌有，所有的思虑和犹疑只因这一句话消散殆尽。

怀着无比复杂的心情，我身着白色婚纱挽着姜哥接受众人瞩目，婚礼现场一百多桌全部都是我的亲朋好友，在他们惊羡的目光里，在他们的声声祝福中，我感到一生从未有过的满足感，甚至产生了一点儿小小的虚荣心。我为姜哥的安排由衷地感动，当年，他还是一个落魄的小歌手，多少人不看好我们这段感情？而今，他经历过万人仰慕，再一次跌入无尽深渊，依然是我坚守在他的身边，又有多少人万般叹息？不管我们如今是何种境遇，姜哥都要给我一个最隆重的婚礼，他要让所有人见证，我是这个世界上最幸福的新娘。

那一天，是我一生中最感动的回忆，那一天，也是我一生中最难忘的日子，无论后来的日子有多苦，每每想起那一天，我都会觉得自己是幸福的，不该再有任何不满足，能够和姜哥携手建立一个家庭，我应当永远抱以感恩的心。

还记得姜哥最初追求我的时候说过一句话，他说："如果有个女人和我交往超出半年，她会是我的女朋友，如果有个女朋友和我在一起超过两年，她就一定是我老婆。"从1983年至今，我给姜哥做了十年的女朋友，果然早已注定要嫁给他，做他的老婆了！

缘分也好，命运也罢，我在姜哥的人生处于谷底的时候嫁给了他。我对阿弟说："我做出这个一生中最大的决定，并不期望将来多么富有，只希望我可以拥有一个正常的幸福的家庭。"我对姜哥说："既然我鼓起勇气在这个时候嫁给你，我希望我们也有勇气走过明天。因为明天还有太多的债务等着我们，不管未来还要苦战多少年，我希望我们都能有勇气共同面对，只要你还愿意站在我身边，我就愿意永远挽着你，只要你还需要我，我就愿意对你不离不弃。如果我一生只能爱一个人，那么那个人永远只能是你，无论过去还是将来，无论贫穷还是富贵，你的名字早已印在我的心中，刻在我的生命里。"

2.岁月是多么仓促

浪漫的婚礼结束了我们11年的爱情长跑，同时也开启了另一段陌生的旅程，迎接我们的不是阳光明媚的新生，而是一步又一步更加冰冷的深渊。我从没想过有一天我会因为债务东躲西藏，也从没想过有一天我们会无家可归，而这一切的没想到都在不久的将来等待着我。

没有海边小镇清风拂面的浪漫蜜月，也没有偷得浮生半日闲的安逸小憩，新婚第二天一睁开眼睛，我面对的依旧是累累的债务，前一天的幸福新娘恍如一场梦，梦醒了，我不得不再一次面对残酷的现实。所幸我和姜哥在婚礼上收了一百多万的现金红包，全部拿去还债尚可勉强支撑一日。

这一点早在婚礼上我已经想到，如果你能看到婚礼现场的录影，你会发现在许多片段里我都有些失神，因为我在思考怎样去面对第二天的债务。后来我对姜哥说："婚礼那天，我人生的五味杂陈、喜怒哀乐全都齐了，我因为能够嫁给你而快乐，因为你带给我的感动而喜悦，同时又因为你的背叛而恼怒，更因为你的债务而悲哀。那一天，是我人生的转折，我要重新接受你，接受你的过去，接受你的债务，接受你未知的未来。我曾一度犹疑当下结这个婚是否正确，最终，我想清楚了，既来之则安之，既然已经决定做你的新娘，我就必须尽我的全力做到最好，陪你一起走出这段艰难的日子。"

那时候我根本想象不到，接下来这一路会有多么坎坷，我也不敢去细想，因为我知道不管前路会遇到什么，我都不能退缩。从那一天开始，一直到女儿出生的前一天，我依然坚持每天帮姜哥开票，到处找人借钱还债周转资金。

女儿出生以后，我们的债务已经多到所有的黑社会、地下钱庄都在找我。我只能向亲朋好友借钱，因为我绝对不可以开出空头支票，一旦银行跳票，我就会被刷进银行的黑名单，那样就真的走投无路了。几千万的债务压得我透不过气来，每个月的利息就已经令我焦头烂额，除了拆东墙补西墙，我已经别无他法，就这样苦苦支撑了几年，最后还是因为《地图》那张专辑而跳票了。

1997年，姜哥迫于债务的压力接受了福茂唱片的签约，换来300万的报酬。唱片老板认为姜哥此时正落难有求于他，于是对姜哥提出了一系列苛刻的要求，比如姜哥未来要出三张专辑但是无权选择歌曲。一个歌手不能选择自己喜欢的歌曲进行二度创作，这实在有些强人所难，姜哥自尊心那么强，若是平素，他绝不会忍受这种委屈。可就是这么骄傲的一个人，为了那300万居然答应下来。

其实300万对我的债务来讲并没有太大意义，但已经走到这一步，只能有多少算多少。即便如此，唱片公司的老板仍然对我们小心提防，因为担心姜哥违约，在支付300万现金的同时，公司老板向我索要了两张150万的支票，支票上没有填写日期，如果姜哥履行合约，支票就是两张废纸，如果姜哥违约，唱片公司的老板就会拿着支票去银行提款。

我以为老板不过是多此一举，如果没有特殊原因，姜哥怎么会违约？等到第一张专辑《地图》出来以后，姜哥发现唱片公司所做的和他们之前谈好的大相径庭。当初老板承诺会有相当一部分预算作为宣传费用，但是发行专辑以后却没有花费一分钱，只是让姜哥每天跑电台做免费的宣传。除此以外，还有许多承诺都没有履行。姜哥每天跑电台疲惫不堪，还要忍受唱片公司的窝囊气，终于有一天，他压抑不住怒火，和唱片公司一拍两散。本来约定出三张专辑，后两张也没有做成。

按理说，唱片公司食言在先，可姜哥太相信朋友，签合同的时候根本没有细看就签了字，结果反倒变成我们违约。唱片公司老板理直气壮地拿着我开的两张支票去银行提钱，可是我到哪儿去弄300万给他？当初那300万的现金一到手就被用于还债，如今我是一分钱都拿不出来。就这样，因为这两张空头支票，我被银行跳票了，银行直接将我刷进黑名单。我辛苦了这么多年，拆东墙补西墙，几千万的债务都熬过来了，就因为这两张支票一切都化为泡影。我不得不拍卖我们的房子，我以前投资购买的珠宝也全部拿去当掉，包括我们的结婚戒指都没能留住。随之而来的是铺天盖地的通知，几乎所有的债权人都在起诉我，地下钱庄也委托黑社会来讨债。

有一段时间我们甚至沦落到无家可归。那一天我们正要回家，发现讨债公司已经堵在门口。我们不敢回去，只好去我小姑家住。小姑是姜哥的干妹妹，当时身在日本，她在台湾有一栋房子，不到30平方米。虽然对于一家三口来说过于拥挤，但那是我们唯一的避难所。我带着姜哥和姜汶婷，身上只有6000块台币，暂时躲藏在这间小房子里。我每天都要计算，6000块支撑一个礼拜，一餐只能吃多少钱，因为我们必须要靠这些钱支撑到我弟弟来找我们。

弟弟每个礼拜来看望我们一次，每次过来都会向我借外套穿，然后偷偷往口袋里塞钱，等他离开的时候才告诉我说："姐，我刚放了1万块钱在外衣口袋里忘记拿出来了，你先拿去用！"我知道他是变着法儿地给我钱用，他知道姜哥自尊心很强，如果直接给他钱，姜哥是绝对不会要的。他也知道家里大大小小的事情都是我在管理，又担心偷偷塞钱会伤我自尊心，所以干脆假称忘记了叫我先拿去用。我们沦落至此，不仅要靠弟弟的接济，还要弟弟小心翼翼不伤害姐姐的自尊心，每每想到这些，我都会觉得心里酸酸的。

弟弟给我的钱可以让我们一家三口暂时支撑度日，但衣服总是要换的，所以每隔两三天我就要回家拿换洗衣服。每一次我都要偷偷藏身附近查看情况，讨债公司每一天都有人守在我家门口，每次安排两三个人从早站到晚，我只好等到三更半夜他们不在的时候偷偷溜回去，回到家也不敢开灯，匆匆拿几件衣服就赶紧出来。

那段日子，我每隔两三天回去拿一次换洗衣服，弟弟每周来一次带我们去吃个饭。到最后我几乎要崩溃了，我不知道这样的日子何时才能结束，我不想一辈子就这样度过。于是我对姜哥说："这样不是办法，我们不如去新加坡吧！"姜哥的大藏建设公司在新加坡有一些投资，他在那边有一处房产。我说："这样好了，要不我们去新加坡住。"没想到这句话却令姜哥大动肝火，他说："你在开什么玩笑，我现在去新加坡就等于跑路了，你要搞清楚，如果我们走了，以后就再也回不来了！"姜哥在说这句话的时候义正词严，毫不犹豫，我突然好崇拜他，因为我觉得我老公是一个有担当的汉子。如果不是姜哥当初的坚持，如果我们真的去新加坡躲债，那么今天就不会有姜育恒这个人，也没有我要写的这本书。

其实在当时的情况下，我是六神无主的，已经不知道该如何是好，我甚至以为我们的人生、我们这一辈子都要过早地结束。躲起来，从此就要隐姓埋名苟且偷生，我们才三十几岁，以后的日子要怎么过？勇敢地站出来，那么多的债务我们要怎么还，也许还没等到还债，只要我一出现就会被黑道威胁，被法院传票，可是我们真的一分钱都没有了，那么会不会坐牢……我反反复复对自己说不可以这样，我们一定要想一个办法走出困境，可谁能告诉我，我应该怎样做才能面对堆积如山的债务？

矛盾和挣扎疯狂地撕扯着我的心，我几乎处于精神崩溃的边缘，可是有一个声音一直在敲打着我，是阿弟曾经对我说过的一句话，他的声音回荡在我的耳边，一遍又一遍，温暖而平和，他说："小凤，你这个面相，一看就很有钱，你是越老越有钱。"这句话就像一根救命稻草，被我紧紧地握在手中，无论如何我都要坚持下去，如果阿弟没有骗我，那么我只需要对姜哥不离不弃，他也一定会过上好日子。就是这个简单的信念一直在支撑着我，给我源源不断的力量，让我的情绪渐渐平复下来，并暗暗下定决心，只要我有一口气在，一定能让姜哥重新来过。

那一年冬天，我们回家过年，忽然想起拜菩萨的鲜花还没有买，于是我们开着爸爸的车到市区去买花。正从花店往回走，车子突然毫无征兆地爆胎了，在一阵剧烈的晃动之后，一切归于平静。我们无奈地静默，一种苦涩袭上心头，人行背运时，连车子都要欺负人了。姜哥忽然深深地叹了一口气，我认识他那么久，这是第一次看到他叹气，他永远都是那么坚强，那么有毅力，我从他脸上看到的永远是干劲儿，可那一天我却看到他眼里的无奈和落寞。他问我："小凤，我真的这么背吗？"

我从没见过姜哥如此沮丧，他只是想做个生意而已，只是觉得他的人生不应该只有唱歌，只是想让自己的人生更加丰满，为什么会付出如此惨痛的代价？看到他这个样子，我的心里有不忍，但也有那么一点儿窃喜，因为那一声叹息，是对现实的妥协，是对命运的退让，他终于承认自己并不适合做生意，只凭这一点，我知道我们要重见光明了。我们可以摒弃过去的执念，开始新的生活，从这一声叹息开始，我们将要一路向上，从无尽的苦海中蹒跚上岸。

我捧着他的脸说："老公，人哪，只要有一口气在，就有希望，我们现在才三十几岁，能经历这些不算什么，因为我们还年轻，我们还有体力，我们还来得及去做一些改变。如果今天我们已经五六十岁，那么可能就真的来不及，也真的站不起来了。所以我们不要叹息，不要难过，我们应该感恩现在的处境。试想，如果当初你做生意非常顺利，从此飞黄腾达，事业有成，可能你也不需要我的坚守和陪伴了，因为那时候你身边一定会围绕着许多女人，你大概也不会想要和我结婚吧！所以我们不仅不该抱怨，反而应该感恩，如果没有这些经历，我们可能失去的更多。"

人生匆匆数载，眨眼间，这已经是姜哥做生意的第12个年头，曾经以为的艰难困苦如今已被我们踩在脚下，没有渡不过的难关，没有过不去的坎坷，当下的痛苦与煎熬不过是幻梦一场，换一种心态，换一种心情，你会看到不一样的风景，待诸事俱往矣，所有的苦涩都可以笑谈，所有的经历都应当珍惜，那些似水的年华一去不复返，只有一张张老旧的照片在述说着过往，那些喜悦的瞬间、迷惘的瞬间、悲戚的瞬间、疲累的瞬间，都被我一页一页珍藏，因为这是你送给我的最珍贵的礼物，在我生命的每个瞬间，你从不曾缺席。岁月仓促，所幸这一生能够与你共度，从不后悔将此生的幸福作为赌注，我不知道明天我们要如何面对世人，如何走出困境，但我知道你会为我们遮风挡雨，会为我们担起家庭的责任，有你在，我无所畏惧，有你在，生命才不虚此行。

3.其实我并不那么坚强

没有一个女人天生就会坚强，但每个女人在成为母亲的那一刻都会变成世间最坚强的人。在那些四处借钱的日子里，在那些东躲西藏的日子里，在那些几乎走投无路的日子里，每每看到女儿懵懂的眼神、纯净的笑脸，我都会告诉自己必须坚强，我们的人生不可以就这样被放弃，因为我们不能自私地摧毁女儿的未来，为了我的姜汶婷，我们必须重新站起来，让她能够光明正大地读书，享受她应该拥有的人生。

姜哥曾经唱过一首歌叫《等待》，这首歌是专门为我女儿而作。“等待”正是我们两个当时的心情，在我们最落魄、生活最无望的情况下，一个生命在期待中降临，她不仅仅是一个孩子，更是一份爱和责任，她的到来意义非凡，就像一盏永不熄灭的灯火，驱散了我们心中的阴霾。也许我们都没有那么坚强，但那张稚嫩的小脸，那一声响亮的啼哭，足以给我们无限的力量；也许我们也会沮丧，但看到那个期待的眼神，听到那阵阵快乐的笑声，我们就不会再感到孤单。这个孩子，我们的确等得太久，我几乎以为我们无缘拥有自己的孩子了，原来只是淘气的小家伙儿姗姗来迟。我相信她是上苍赐予我们的福缘，自从拥有了她，我便如同拥有了整个世界。

1983年，我第一次怀孕，那一年我22岁，对怀孕这件事毫无心理准备，也不知道害喜的症状是怎样的，当我每天恶心想吐，持续许多天身体不舒服时，我都没有意识到自己怀孕了。我以为只是普通感冒，一连吃了几天的感冒药，症状都没有减轻，这才想到应该去看医生。医院去了几次，身体却没有任何好转，直到最后，医生突然问我：“你有没有男朋友？”我不明所以地看着她，懵懵懂懂地点点头。医生说："要不你去看一下妇产科？"我一时没反应过来，反问道："为什么要去妇产科？"医生说："你这个好像不是感冒，你是不是怀孕了？"在妇产科进行一番检查后，果然有了两个月的身孕。但是由于我连续吃了十几天的西药，药物会严重影响胎儿的健康状况，我们最终没有留下这个孩子。

因为这件事，我开始避孕。一来，我们暂时不能要孩子，姜哥签约光美以后，对外宣称他只身来台没有女友，怎么可以突然冒出一个孩子？二来，如果怀孕了，我们势必要结婚，可我并不想早婚。并非不想嫁给他，只是因为我的命格里夫妻宫是最差的，这样的人不适合早婚。爱上一个人往往会产生强烈的意愿想要嫁给他，这再正常不过，早一天结婚，这个人就早一天属于自己。但我不可以，如果我早婚，结果必然是离婚，所以我不敢。

直到28岁那一年，我们不再避孕，我打算给姜哥生一个孩子。我们的计划是，怀孕了，就马上结婚，没有怀孕，也可以暂时不结婚。没多久，我感觉到腹部不太舒服，去医院检查也没有检查出任何原因。但是因为有输卵管阻塞，想要孩子就要先做手术。为了能够给姜哥生一个孩子，做什么我都不怕。结果开刀以后，发现已经是宫外孕。

因为那次手术，我右边的肩膀至今仍留有后遗症。起初，医生告诉我手术只需一个半小时，所以麻药的分量只够维持一个半小时。开刀以后，医生发现情况比想象中复杂，他们也无法确定要处理多久，于是在我昏睡过程中又加了一针大剂量麻药，足够支撑到手术结束。手术持续了四个小时，因为麻药剂量过大，我从下午1点开始一直睡到晚上七八点仍然昏迷不醒。

迷迷蒙蒙之中，我隐约看到一个人一直在掴我巴掌，一边不停地呼唤我的名字，他说："李凤凰，你快起来！李凤凰，你快起来！"恍惚中我怎么也想不通，自己应该在做手术吧，为什么会有人打我……直到我完全清醒，医生才松了一口气，他紧张地对我说："如果你再不醒来的话就要休克了！"正因为麻药剂量过多，时至今日，我右边的肩膀仍会常常感到麻木。

那次手术之后，我开始戒烟，距离我第一次抽烟整整十年。初次尝试香烟的味道是因为我的一位干妈，干妈虽然嫁到香港，但每次回台湾都会来看我。我常常看到她优雅地跷着二郎腿，左手撑着右手的肘部，指尖夹着一根香烟，怡然自得地吞云吐雾。在那个年代，这就是最流行的美人姿态，在我们这些少女眼中简直美得令人向往。我和干妹妹好奇地望着缭绕的烟雾，不晓得香烟的滋味是怎样的，但我猜想那种感觉应该十分美妙吧？干妈看出我们的心思，她说既然今天大家这么高兴，就一起来吧！就这样，我学会了抽烟，那年我19岁。

29岁，我决定戒烟，为了我的健康，为了我的孩子。戒烟这件事，实在不容易，就像让一个甜食爱好者从此不许吃奶油蛋糕；但于我却不甚艰难，因为我非常清楚自己想要什么，如果我要生孩子，就必须戒烟，我绝不能让我的孩子有任何健康的隐患。从那天开始，我不再触碰香烟，可盼过星星盼月亮，肚子却一点儿动静也没有。

33岁那年，我在阿弟的劝说下嫁给姜哥，一年多仍旧没有怀孕，这让我不得不产生了一些胡乱的猜想。我甚至跑去问阿弟，让他帮我看看这一生还会不会有孩子。他的回答模棱两可，我一度怀疑他只是在安慰我。我知道许多事强求不来，于是做了最坏的打算，我同姜哥商量："如果真的不能生孩子，我们就去领养一个好不好？"姜哥却并不认真，他说："好啊，那我们就去领养一个黑人小孩好了。"我被他吓一跳，一口回绝道："那当然不行啦，领养一个外国小孩的话，大家就知道他不是我生的了！"姜哥蹙眉道："他本来就不是你生的，你还奢望人家说是你生的吗？"这才明白原来他是这个意思，不过想一想，他说的确实有些道理。

有一句话叫作命里有时终须有，命里无时莫强求，虽然我满心希望能够拥有一个自己的孩子，但我在这件事上始终比较坦然，我相信如果命中注定我会有一个孩子，上天一定会在最合适的时候将他赐予我们。如果真的不能生，领养一个孩子也没什么不好。正是因为我的坦然，阿弟说我是无心插柳柳成荫。

和阿弟认识了一年多，有一天我去他的庙里上香，正赶上初一十五要拜拜的日子，庙里的人都在忙里忙外地准备，可是做斋饭的阿姨还没有来。这位阿姨也是一个虔诚的善人，平日里在一家公司上班，闲暇时间过来做做斋饭，那天大概还在加班，所以没能及时赶来，可是晚上会有人来吃斋，没人做饭怎么行？若是其他的事情，我不一定能帮上忙，但是做菜这件事对我来说简直就是举手之劳，我烧得一手好菜，做素斋应该也不成问题。

于是我对阿弟说："这件事就交给我，你要做什么我来帮你做。"阿弟说他也不知道，每次都是那位阿姨自己买菜过来。我问他："那有什么讲究，是不是只要没有鱼肉不杀生，其他都可以？"他说："对，就是这样。"庙旁边刚好有一个很小的蔬菜摊，为了不至于菜式太过单调，蔬菜、豆腐、蘑菇等每样我都买了一些。要说做素菜并不难，只是我不确定我做的菜是不是合格，我只知道吃素不能吃蒜，不能吃葱，不能杀生，所以我用豆腐和豆干做主菜，一些蔬菜做配料，一共煮了十道菜。当我把色香味俱全的菜品端出来的时候，阿弟惊讶极了，他说："没想到你还会做饭呀！"看到大家赞不绝口，我的心立刻被幸福感填得满满当当，能够从他们的快乐中获取一份满足，我觉得自己实在是一个幸运的人。

从那时候开始，每逢初一十五我都会固定去做菜，这是我的一份心意，虽然不是什么了不得的大事，但是能够帮助大家，我很乐意。从最初只有五六个人吃斋，慢慢地变成了十几个人，到后来的两桌、三桌，最后变成陆陆续续的流水席，很多年轻人都会来庙里吃斋。我感到由衷的开心，因为我的一点点举动可以让那么多人初一十五来吃素，以此减少杀生，这样也不错。前前后后我整整煮了两年，直到我身怀六甲还挺着大肚子去南门菜市场提着两大包来庙里煮菜。阿弟说菩萨被我感动了，因为他觉得那堆积如山的债务不是一个女人能扛得动的，如果不是感动了菩萨，我怎么可能挺得过来？可是我当时做这些并没有想要什么，无论是孩子还是金钱，我从来都没有奢望做这一点点事就能够得到菩萨的帮助，我只是单纯地觉得，我做的菜大家喜欢吃，我就满足了。

1994年新年，我在阿弟的庙里上香拜菩萨，刚一跪下来，阿弟突然对我说："小凤，你今年会怀孕哦！"听到这句话，我立时跳了起来，克制不住内心的激动，不断地追问他："真的吗？你说的是真的吗？"这个消息实在太意外了，从阿弟口中说出这句话，我知道一定错不了。

得到阿弟的一句真言，我开始了漫长的等待。我每一天都在关注自己的变化，可一天，两天，一个月，两个月，我依然没有怀孕。第一次发觉时间的步伐如此缓慢，正是因为有所期盼，才会觉得哪怕一天都是极其漫长的。就这样，我从年头一直等到7月，肚子却一点儿动静都没有。我等得好心急啊！每次问阿弟"到底是有还是没有"，阿弟都会说："应该有，应该有，你再耐心等等。"到了11月，这一年即将过去，我几乎要放弃了，内心的失落渐渐大过希望，我几乎能听到希望的泡沫破碎的声音。可就在这个时候，我发觉自己怀孕了！

关于我怀上身孕这件事，朋友之间还流传着一个笑话。因为大家听说，在我怀孕之前，姜哥去做了一个手术，手术之后我们在一起的第二个月我就怀上了。传着传着，这件事就变成"姜育恒去做了个手术，小凤就有了"。紧接着就有人跑来问我，姜育恒做了什么手术这么灵？每个人听到故事的结局都会觉得好笑，因为姜哥那一次做的是痔疮切除手术……虽然那个时候我们的债务已经快要堆积成山，但是我依然有心情和大家开玩笑，所以阿弟说我是一个不一般的女人，永远可以在痛苦中获取快乐，正是因为这样，我才能挺过那些煎熬的岁月，而不是被煎熬所吞噬。

在经历了一些事情以后，我不得不去相信阿弟，正是因为阿弟的出现，我得到了更多精神上的支撑，拥有了更多坚强下去的动力，因为我相信阿弟说的每句话，我相信风雨过后终有晴天，我相信苦难不是我人生的终点。我也庆幸自己选择相信阿弟，选择在那个时候嫁给姜哥，没有这场婚姻，就不会有我女儿的降生，能够拥有幸福而完整的家是我此生最大的满足，没有什么比这些更值得我去珍惜。

对于女儿的降临，姜哥似乎比我更加欣喜。在那样困窘的境况下，我们每天过着朝不保夕的日子，而这个孩子对此一无所知，她瞪着澄澈的眼睛好奇地打量着这个未知的世界，在爸爸妈妈的注视中咯咯笑着。姜哥说："她来了真好，或许她的降临就是为了来改变我们的人生，改变我们的一切。"那幅画面美极了，那是我见过的最温柔的姜哥，那也是我见过的最幸福的笑容。

女儿出生那天，我们让她认阿弟做干爹，姜汶婷这个名字就是阿弟取的。阿弟说姜汶婷是菩萨送给我们的福气，菩萨特意派她来帮助我们。我真的很安慰，感恩上苍赐予我这个健康可爱的宝贝，也许我不能给她最富足的生活，但是我可以给她最幸福的家庭，也许我还无法为她创造最好的条件，但我们可以给她一份最完整的爱。我和姜哥的未来会怎么样我不知道，但我舍不得让姜汶婷跟着我们吃苦，不管我们要面临怎样的痛苦，要渡过怎样的难关，只要姜汶婷可以过上幸福快乐的日子，付出任何努力都是值得的。

初为人父人母的我们，第一次发觉语言是如此苍白，我们无法用言语倾尽对女儿深深的爱，但是我们会陪伴你迎接人生第一个朝阳，聆听你第一句不完整的话语，牵着你踏出第一个幼小的脚印，分享你的第一份喜悦和忧伤。亲爱的宝贝，你只需要勇敢向前，爸爸妈妈永远在你身边，当你回首顾盼时，永远有一处为你遮风挡雨的温暖港湾。

4.我是“周转”神

有些事，过后谈起可以云淡风轻，可在当时，却是刀山火海水深火热。没有人知道负债的那些年我是如何度过的，也没有人能够体会我内心的煎熬与折磨，我常常感觉到自己如同困守在一叶孤舟之中漂泊于海上，每一天我的小船都在慢慢下沉，如果不能筹集足够的资金，我就会连同小船一起沉入海底，我拼命呼救，可是四下茫茫，渺无人烟，看不到大海的尽头，也看不见光明的方向，不知道自己将要漂向何方，也不知道还能支撑多久，如果没有对姜哥和姜汶婷的牵挂，我恐怕早已沉没。

从1989年姜哥开始做生意，到2000年他决定重新来过，12年里，我每天都活在债务的阴影之中，这几千万的债务是如何堆积出来的，这样一大笔钱是怎样周转过来的，我自己都说不清，所以阿弟为我取了一个封号，叫作“周转神”。

最初的几年，姜哥每次投资都以失败告终，这让我们从有到无，1000万台币的现金很快就成为“曾经”。但姜哥的投入和坚持让我看到他的态度，他的执着和信念让我不忍劝阻，他坚信这不过是一时的磨难，凭借他的毅力，终有一天可以翻身。

1991年，姜哥开始经营大藏建设公司，每个月都有100多万的日常开销，可我们的账户已经空空如也，于是我将房子抵押给了银行。由于这家公司始终没有盈利，到1992年年底，我们已经负债累累。正是这家公司的经营不善，导致我们负债几千万。

早在大藏公司开业的那天，就发生了一件玄乎其玄的事情。公司开业第一天，按照台湾的风俗一定要拜拜，祈求菩萨赐福，大吉大利。拜拜的位置摆在两家公司中间，左边是李亚明的公司吾耳族，即范晓萱的签约公司，右边就是姜哥的大藏建设公司。这边刚刚拜好，莫名其妙的，忽然刮起一阵风，左边的花瓶完好无损，右边的花瓶却倒地摔得支离破碎。不管是不是巧合，发生这种事，令每个人的心头都蒙上了一丝不安。

从这家公司开始营业，每个月我都要筹集120万台币作为基本开销，而这些还不包括投资的部分。起初，有房子作为抵押，我可以向银行申请一些贷款。渐渐地，银行的贷款已经无法支撑我们的开销，于是在朋友的介绍下，我借了一部分高利贷，因为朋友的关系，利息比高利贷低一些，压力不会太大。可是慢慢地，我们入不敷出，连银行和高利贷的利息都还不起，公司却仍在运营，只要姜哥说一句，小凤，今天我需要120万的支票，我就必须立刻凑够120万的资金，因为我不可以被银行跳票，如果我的信用作废，甚至被刷入黑名单，我们将无法再向银行贷款，亦有可能被要求立即还款，对于我们来说，这无疑是雪上加霜。

迫于无奈，我开始向身边的朋友借钱。姜哥是一个极爱面子的人，又继承了山东人的大男子主义，他不会向别人借钱，也不敢向别人借钱，因为在他看来，姜育恒出去借钱是一件很没有面子的事。于是大大小小的债务通通落在我一个人肩上。所有的债务都是以我的名义去借，包括银行账户的户头，所以12年来，姜哥需要的支票全部由我来开。为了还债，但凡有能力借钱给我的朋友我几乎都借过。

可是朋友的钱也是要还利息的，这样一来，银行、高利贷、亲朋好友，每个月的利息就足以令我焦头烂额。我唯一的办法就是继续向别人借钱，今天借了钱还清昨天的债，明天再借钱还今天的债……于是借了还，还了再借，亏损越来越多，债务越滚越大，我的担子也越发沉重。我已经不知道还能去哪里借钱，但每天都有债务的窟窿等着我去填补，每次还清当天的债务，我都只能暂时松一口气，还来不及喘息，就要绞尽脑汁去想明天的债务该怎么办。

那时候我有一个电话簿，每天睡觉之前我都会把电话簿翻个遍， 看着上面的名字，仔细地回忆着，哪些人我已经借过了，哪些人我还可以再借，哪些人的钱该还了……这件事是我每日必做的功课，日复一日，年复一年，神经紧绷得一刻都不敢松懈。最煎熬的日子里，我抗拒深夜，害怕睡觉，因为我知道只要我一闭上眼睛，再次睁开的时候又会有无尽的债务在等着我，我害怕第二天一睁眼就要开票，我害怕每天无休止地向别人借钱。那种日子不是正常人能体会的，那种感觉也不是正常人可以理解的。

12年里，我过得水深火热，生不如死。12年里，我不知道什么叫自然醒。最开心的一件事就是和姜哥一起去新加坡，因为那边有姜哥的投资，所以我们经常一起过去。出发之前，我会想办法把债务延缓七天，上飞机那一刻我就已经在憧憬，这七天我终于可以不用烦心债务，终于可以安安稳稳地睡个好觉。那种从煎熬中窃取的一点点快乐对我来说都是一种莫大的奢侈。

痛苦归痛苦，煎熬归煎熬，我从没有一刻想过要退缩。表面看起来，姜哥是家里的支柱，其实我和他心里都非常清楚，我才是这个家真正的支柱。偶尔也会胡思乱想，万一有一天我撑不住了，那我老公和女儿怎么办？我很清楚，一旦我倒下，这个家将毁于一旦，我所有的努力和付出都将付诸流水。我这么爱我的老公，这么爱我的女儿，我怎么能允许自己垮下来？为了他们两个，我一直很坚强，他们是我愿意用生命去呵护的人，我怎么能忍心让他们陷入无助的绝望？那些日子苦，苦到眼泪流到干涸。那些日子痛，痛到连哭喊都显得苍白。可是我都忍住了，说不上来那股力量从何而来，我只是凭着一个信念，我一定要救这个家，我一定要救这个人，所以我绝对不可以倒下。

直到我女儿四五岁，我意识到自己已经黔驴技穷，于是我频繁地问阿弟，我还能走出去吗？他说小凤，我看到你已经走到悬崖边，一直在回头寻求帮助，如果再没有人拉你一把，你就要掉下去了！他说小凤，你一直在呼唤，呼唤着某个人可以拉你一把，将你从悬崖边带离，不要让你坠落下去！他说小凤，你是怎么扛到今天的？这已经远远超出一个人的能力范围了，以后你死了，我一定给你取一个尊称叫“周转神”。在当时的情境下，这个称呼听起来既好笑又悲哀。

最后那些日子，我真的周转不动了，仅仅是一笔300万的借款，一个月就要支付15万的利息，对于没有任何进项的我们来说实在吃不消。走投无路之下，我只好向父亲母亲求助，母亲二话不说，把家里的农地拿去抵押，贷款1500万帮我们还清了高利贷。

可以说，从我27岁那年姜哥开始做生意，我们从有到无再到负债五六千万，那12年真的是我人生的噩梦。姜哥总是说，小凤，你跟着我的时候我一无所有，我一定会赚很多很多钱，让你过上好日子。可现实却是，我一天一天背负的债务越来越多，从来不知道明天会是什么样子，不知道我们的未来在哪里。直到过年买花车子爆胎那一次，我看到他那一声叹息的时候，简直如释重负，我告诉姜哥，放下过去，我们一定能走出来，凭借你的毅力，你一定可以做到。

从结婚那年到我40岁，我把这些债务整整拖了八年，姜哥也知道我已经山穷水尽，十分不愿意把这些事情压在我身上。我们想要重新来过，将巨额的债务还清，姜哥就必须重新站在舞台上唱歌赚钱。但是由于《地图》那张专辑在他心中蒙上了一层阴影，那件事以后很长一段时间他都不想再唱歌，所以我很担心他会为难。姜哥知道我已经走到悬崖边，此时如果他不肯拉我一把，就再没有人能够救我了。于是，他说服自己放下所有的不愉快，决定去找唱片公司谈一谈。那一刻，我知道，我得救了。

41岁那年年初，阿弟对我说："小凤，你已经上岸了。"他说从今年开始，你不用再为金钱烦恼，不用再为一块钱操心。听到他这样说，你能体会我当时的心情吗？我如同得到了一枚赦令，从此以后我就可以告别那种水深火热的日子，从此以后我就可以过一个正常人的生活了。我都不知道自己哪里来的信心，他在说这句话的时候，除了我父母的债务不算，我还背着几千万的债务，可是就凭他这一句话，足以令我放下心中的大石，紧绷了12年的神经在那一刻完全放松下来，眼泪如同决堤的洪水倾泻而出，我终于等到这一天，我终于熬到了苦难的尽头，即使明天等待我的是几千万的债务，可是我相信，终有一天我们能冲破债务的枷锁，重新赢得自己的人生。

5.如果你能看淡这场风雨

不得不说，我和姜哥一路走来，总是能在危难之际遇上贵人。那些日子，我们想要重新开始，可是面对累累的债务却毫无头绪，一些债主的咄咄逼人，令我们退无可退。就在姜哥试图找一家唱片公司洽谈合作的时候，启航唱片的老板出现了。他非常喜欢姜哥的歌，并愿意资助姜哥发行专辑，得到姜哥的应允后，启航的老板当即拿出350万台币，要我们先把紧急的债务还清，使我们得以片刻的喘息。

我和姜哥整理了当时所欠下的借款，银行借款900多万，把房子交由银行拍卖，卖掉的钱应该足够还贷；高利贷的部分，由父亲母亲将农地抵押，借了1500万用以还债；向朋友们借的钱，讨债讨得急的和那些的确急需用钱的，我们用这350万还了七七八八；除了这些，我手里还有几千万的债务要还。

没承想，早在这之前，姜哥不忍心让我一个人承担债务，也向朋友们借了许多钱，飞碟唱片的老板、一些相熟的制作人，姜哥都借过，包括张小燕的老公彭先生，当时借给姜哥1000万，他就只有一句话："你拿去用吧，不用急着还。"当姜哥告诉我，李子恒也借给他80万时，我不由得讶然道："你也跟他借钱了？"姜哥说对啊："你也向他借钱了吗？"如果他不告诉我这些，我恐怕永远也不知道，因为李子恒从来没有对我说过姜哥向他借钱的事情。这些默默帮助过我们的朋友，我通通铭记在心，一点一滴的援助温暖着我，鼻子一酸，眼泪又要掉下来了。

这些事对我来说既喜且悲，原来不止我这边有几千万的债务，姜哥那里算一算还有几千万，所以当时外界传言姜哥负债上亿台币。

就在这个时候，银行通知我说，房子卖掉了，但是不够还贷款，还差100多万，让我尽快准备好资金，把这部分差价补齐还给银行。对于银行的通知，我简直哭笑不得，一股无名火蹿上心头，这不是在吸我的血吗？我知道由银行来拍卖房子，价格不会太高，加上当时的房地产不景气，基本上只能卖出政府公告的地价，即便如此也能卖到差不多1000万。我当时欠下银行900万，所以并没有指望银行给我卖出更高的价钱，但至少足够还贷。可他们却告诉我还差100多万，这个实在让人难以接受。姜哥也觉得自己是虎落平阳被犬欺，已经被欺负到没有尊严，所以之后的十几年里，我们再也没有和银行有任何往来。

在当时的情况下，银行的债务催得很急，我们不确定何时才能将房子卖掉，这不禁让我们左右为难。还记得阿弟对我说，从此以后你不用再为钱烦恼。我不得不信服，因为就在银行发了通知以后，突然出现了一个人，他说你把房子卖给我吧，房子拍卖很不划算，可能1000万都卖不到。你把房子交给我，我看看有没有什么办法可以帮你把房子卖出更高一点儿的价钱。就这样，我们依靠卖房子的钱把银行的贷款还清了。

剩下的债务依然是个庞大的数字，350万对于我们的债务来说仅仅是杯水车薪，一些债权人仍然请黑道没完没了地追债，继续这样下去，即便我们想出去赚钱都不可能。于是姜哥邀请所有的记者，召开了一次特殊的记者招待会，在招待会上，姜哥将全部债务摊开，我们欠了谁多少钱通通列出来。

他向大家郑重声明，从现在开始他要出去赚钱，要把所有的债务全部还清。他很坦然地对记者说，我没有钱就是没有钱，哪怕你们天天跟着我，我还是没有钱，也没有办法去赚钱，你们要给我时间，我赚了钱才有办法还给你们！姜哥希望通过记者招待会向所有人表明自己的态度，希望大家能够相信他，所以他只能在公共媒体上承诺，请求大家给他时间，让他去换取金钱还清债务。他通过媒体向所有人保证，我姜育恒不会跑，我不可能因为躲这些债务而离开台湾！紧接着，台湾大大小小的报纸开始报道“姜育恒一切归零从头开始”，从这一刻起，我和姜哥两个人终于堂堂正正地站了起来。

记者招待会以后，姜哥唱的第一首歌是《第五次恋爱》，这首歌的MV开场那个小女生就是我们的女儿。那时候女儿刚上小学，我知道姜哥很大程度上都是为了我们的女儿才决定重新开始的，他想给我和女儿创造一个安稳的生活环境，兑现他让我过上好日子的诺言。

那阵子，姜哥忙于发行新专辑，他搜集了大量的韩国歌曲，并把它们翻译成中文，其中有一首歌叫《最爱的人》，他说小凤，这首歌我要写给你听，你一定要相信我，我一定会让你过上好日子，我会尽我所能让你过好日子。他说，感谢你这么多年为我付出的一切，其实我不是不知道，只是我一直放在心里，这么多年以来我没有半个动作，那是因为我没有能力给你，明明知道你在为我奔波劳苦，我却没有能力去帮助你。从前我一直依靠你，但是将来我一定不会再让你为金钱烦恼，我一定会让你过上好日子。

听到他说这些，我的心完全被融化了，因为姜哥从来不会说这样动情的话语，我平时想要听到他说“我爱你”，都只能在他醉酒以后。今天他却对我说出这番话，让我看到姜哥感性的一面，他虽然不善于表达自己的情感，但不代表他没有感受，他只是将这些情感埋藏心底。从最初认识姜哥，我就知道他是一个不会表达内心情感的人，他从来不会说“小凤对不起，小凤你辛苦了”，但是他却一直坚守在我身边，这已经说明了一切。所以我不奢求大富大贵，也不奢求锦衣玉食，只要你心中有我，我已经非常知足。

从1989年到2000年，我从二十几岁的花样年华变成四十岁的半老徐娘，我最精华的青春几乎都在和金钱赛跑。虽然过得百般艰辛，但其中的幸福和欣慰也不是他人所能体会。一路上，我们两个共同历经坎坷，共同扛起债务，直到我们从两个人变成三个人，依然手牵手并肩同行。老公的默默守护，女儿的乖巧懂事，没有什么比这更能令一个女人感到满足和骄傲。如果没有姜哥和姜汶婷，这一路我撑不下去，我的毅力、我的勇气、我全部的力量都来自我的老公和女儿。

唯一令我遗憾的是，在我们境况最糟糕的时候，我不得不当掉那对结婚戒指，即便曾经有一位朋友愿意借给我30万去当铺赎回，可是时间过去太久，那对戒指早已不属于我们。遗憾归遗憾，一对戒指而已，不过是承诺彼此相守一生的信物罢了，这么多年风雨同舟，我和姜哥已经不需要用任何信物拴住彼此的身心。

对于过往的遭遇，我并无半点追悔，但前车之鉴不得不令人深思。我们走到今天是否是一种必然？我们当初是否有更好的选择？曾经有一位老师对姜哥说："你明明是一台奔驰，要你往台南走，你非要往花莲走。"台南在南部，花莲在东边，老师的意思是说上天给了你歌唱的才华，就是要你走这条路来实现自己的人生价值，你为什么要放弃与生俱来的天赋去做生意，那不是你应该走的道路，你必须回到正途才能重新寻回自我。回首往事，难道不是这样吗？十几年来，我们把一切该拥有的都错过了，人生最精彩的年华一去不复返，最终不仅一无所有，还负债累累，这又是何苦？那位老师连同我一并训斥道："你的先生一直在凶险的旋涡里面打转，作为妻子，你应该做的是立刻拿一根竹竿把他拉上来，可你不是，你一脚踩进去跟他一起转。"

我们在这个巨大的旋涡里一直转了12年。这12年里，我们不知道生活是什么，也不知道未来在哪里，能够支撑12年完全只是一种毅力而已。这12年我一直被钱追着跑，我讨厌那样的日子，我恐惧那样的日子，我再也不想重新踏进去一次，甚至每次想起来，我都会忍不住落泪。那些年留存了我太多的苦涩和委屈，那些年是我最不愿回忆的过去，可是我依然会发自内心地感恩，感恩当初的一切将我和姜哥牢牢地绑在一起。如果没有这12年的同甘共苦，我们不会有如此深厚的感情基础；如果没有这12年的相濡以沫，我们不会如此深刻地珍惜彼此；如果没有这12年的不离不弃，我也没有今天的自信，我自信姜哥无论走多远，即使只身在大陆拼搏十几载，他也永远不可能离开我们，就像我也坚定地认为，即使孤身一人留守在台湾，我也绝不可能背弃这个家。

当我们以为人生就要匆匆拉下帷幕时，生活却再一次向我们抛出橄榄枝。当风风雨雨成为过往时，只有抛开不堪回首的过去才能重获新生。如果没有遭遇风雨，我们不会体会人生的艰辛，何来珍惜？如果没有遭遇苦难，我们不会懂得生命的卑微，何来感恩？如果你能看淡这场风雨，破茧成蝶是另一种美丽；如果你能看淡这场风雨，海阔天空是另一种情怀；如果你能看淡这场风雨，迎接我们的将是另一番风景，请你让我陪你一同等待黎明驱散黑暗，等待春暖逼退严寒，等待明天初升的太阳，召唤我们踏上下一段新的征程。

第三章 别离·苦

1.不要埋怨无辜的流浪

当我和姜哥每天朝夕相对，我们无暇耳鬓厮磨甜言蜜语，因为巨额的债务消耗了我们的青春，占据了我们的生活；当我终于不必为金钱苦恼，我们却两地相隔，无法触及，千言万语只能化作一丝挂念埋于心间。

从2000年起，我和姜哥开始了长达12年的还债生涯，我们的生活模式再一次发生巨大的改变，而我也经历了另一种境界的升华。

一个偶然的机会，我发现姜哥在大陆的人气不亚于台湾，对于歌手来说，大陆的发展空间远比台湾更加广阔，为了赚到更多的钱还债，姜哥必须只身前往大陆发展。我知道这是一次漫长的旅程，只是没想到，要12年之久。一直非常感谢祖国大陆，如果不是大陆对我们敞开胸怀，如果不是大陆歌迷对姜哥的支持和热爱，我们要还清上亿台币的债务何其艰难。

只是姜汶婷还小，我不可能把她一个人扔在台湾，所以分离是不可避免的。可即使相隔千山万水，我们两个人的心却彼此紧紧相依，一切都只是暂时的，为了姜汶婷，分离是必然的，牺牲是值得的，无论你在大陆有多辛苦，无论我在台湾有多孤独，我们都要默默承受。

我算过一笔账，姜哥一个月必须赚够50万台币，我才能对每位朋友有所交代。即使这样，平摊下来，每个人每个月也只能拿到三万五万的还款，可是我向大家借钱的时候，朋友们都是三五十万地借给我。但这已经是我们的极限了，好在朋友们大多可以理解，而且也只是先还那些急需用钱的人，许多好朋友都安慰我不必急着还钱，这样让我们减轻了很大的压力，也让我们有时间慢慢赚钱慢慢还。

我借过最多的一笔钱是800万台币，借给我钱的女生是我非常要好的朋友。当初她借钱给我的时候她老公并不知情，我只是告诉她我现在需要这些钱，她二话不说偷偷拿出来借给我。曾经看过一句话，“如果不想摧毁一份友谊就不要向朋友借钱”，可我当时的确没有办法，借钱也是迫于无奈。我有这样的认知，借给我是情分，不借我是本分，我不会有任何怨言。所以当她把钱汇给我的时候，我感到好感动，人生有这样一个朋友，夫复何求？

这800万，直到2011年我们才完全还掉，可是姜哥到今天还在坚持给她打钱，因为她当初借给我钱的时候一分钱利息都没有收。她只说了一句话：“我有钱就借给你，你拿去用，不用急着还给我。”所以在这800万还清以后，姜哥仍然汇钱给她，当作这十几年来的利息。她对我的那份深情厚谊、那份莫大的恩惠，我这一生都会铭记感激。

还有一个不得不说的人就是刘雪华，她在荧屏上是一个演技超棒的演员，生活中则是一个非常简单的女生。说来也巧，雪华的祖籍同姜哥一样也在山东，她性格爽快，为人大方。大概就是这个原因，我和姜哥同雪华非常聊得来，所以在她没到大陆拍戏之前，我们经常接她到家里玩，她也喜欢到我家打麻将，可以说曾经有一段时间，她属于我们生活的一部分。

姜哥负债以后，我每日周旋于几千万的债务之中，整日东奔西跑为姜哥周转资金。台湾民间的互助会，是一种小额信用贷款的形态，主要为了赚取利息和筹措资金。我一直跟别人的会，自己也起会，以替别人承担所有的利息为代价，让大家把钱都筹给我。我就是通过这些互助会，把姜哥所有的债务一直周旋了八年。也正是因为这样，我的债务越滚越多，以至于最后会有一大批债权人排着队要我还钱。

当时雪华和我一起跟会，有一次她筹到了53万台币全部拿给我，她说："小凤，我知道你们现在过得很苦，这些钱你拿去用，对我来说这些是小钱，你不用还我。"也许53万对我的债务来说不算什么，但在当时的情况下，每一块钱对我来说都格外珍贵。更何况我们已经落魄到有今天没明日的窘况，别人都害怕接到我的电话，害怕我向他们借钱，雪华却在这个时候主动送钱给我们。她带给我的不仅仅是53万台币和一份感动，还有向阴云密布中洒下的一片阳光，它照亮了我，温暖了我，为我灰暗的岁月中增添了一丝色彩。所以不算那个借给我800万的闺蜜，雪华是我们最后还清债务的人。

姜哥复出以后的前五年，我们把一些最为紧急的债务还清，包括那些起诉我的、请黑道讨债的以及真的急需我还钱的，其余的债务直到2011年才全部还清。没有人知道这些年姜哥是如何度过的，他所受的苦痛和煎熬是我无法想象的。

2000年，姜哥初到大陆，歌还没有红起来，他又很久没唱歌，人气也大不如前，所以最开始一场演出只能赚三五万。但是他一个月必须赚够50万，算下来这一个月里要跑十几个场子。而且每场演出又都是在不同的地方，经常是上午在这个城市唱歌，下午就要坐飞机到另一个城市赶场子，可能今天还寒冷的北国，明天就已经飞到温湿的南地，平均一两天飞一次，非常辛苦，更何况是十几年如一日。

也许在此之前让大家对姜哥产生了一些负面的想法，但这并不是我想要的，我只是想说人生就是这样，必须经历许多过程，七情六欲是人性本能，况且都是结婚之前的事情，所以我已经不在意，也根本不必去在意。结婚以后，姜哥一直觉得对不起我，他觉得自己亏欠这个家，亏欠姜汶婷，因为他没能给我们一个稳定的生活，让我们一直过着朝不保夕的日子。所以这些年他一直很努力，在姜哥看来，大家愿意给他这个机会从债务中走出来，他就必须好好把握，绝对不能辜负朋友们对他的信任，也绝对不能辜负我和女儿的等待。

全国大大小小的城市都留下了姜哥的足迹，不管多么偏僻的地方，不管多么恶劣的环境，不管是学校晚会还是婚礼现场，只要可以赚钱他都去唱。在这个时候什么都不重要了，最重要的就是赚钱还债，不管是什么样的演出，不管有多辛苦，每个月他一定要赚够50万，如果哪个月赚不够50万，我就得去向大家道歉，姜哥不想让我再替他承担这些冷眼和责难，所以他会拼命赚钱。

后来姜哥的歌红了，演唱会也开起来了，出场费才开始往上调。但这种四处奔波的日子却没有任何改变。以前我只知道姜哥在大陆很辛苦，因为有时候他会对我说："小凤，我真的很累。"可是我一直身在台湾，并不清楚这期间姜哥到底有多么辛苦，后来有一次我陪着姜哥赶了一回场子，才真正体会到这些年他过的是怎样的日子。

那是一个五一，大陆这边放假，我们4月29日在福州开演唱会，5月1日就飞越大半个中国跑到最北边的一个城市，第二天再坐飞机飞到南昌，接下来从南昌飞到上饶，从上饶到武夷山，从武夷山到厦门，再从厦门到徐州。许多地方飞机无法直达，下了飞机还要坐上几小时的车子。我跟着他五天，坐了五天的飞机，跑了七个地方，这一次，我深深地体会到姜哥是真的很累。

他几乎每天都要坐一两个小时的飞机，算上乘车还要三四个小时，在不同的城市间往来奔波，日复一日年复一年，没有一点儿意志力是不可能坚持下来的。看到他这个样子，我不知道有多心疼，他为了这个家实在付出太多了。我常常说，希望他能做到蜡烛两头烧，一定要把自己的身体照顾好。可是他根本没办法顾及那么多，为了赚钱还债，为了能给我和女儿一个将来，他只有拼命赚钱，没有任何事可以阻止他。

也许在过去的日子里，他曾经让我在感情上有过一些困扰，在金钱上有过太多苦恼，可事过境迁，每个人都不得不承认姜哥是一个好男人、好丈夫、好父亲，虽然他不能常常厮守在我身旁，没有多少时间陪伴女儿成长，但这也不是他所愿，在那样的境况下，他唯一能为我们做的就是努力赚钱。他所承受的压力和痛苦，对家人深切的思念，没有任何人能够帮他分担，我们能做的也只有像他思念我们一样深深地思念他。

没有人愿意孤独地流浪，没有人希望有家不能归，一个人的孤单无法诉说，寂寞的眼泪也不会让任何人看见，但我们的心紧紧相依，我听得见他在偷偷哭泣，有什么办法能够抚平你，有什么语言可以安慰你？寂寞的时候想想远方亲人的笑脸，沮丧的时候想想并不遥远的明天，现在所承受的一切都是为了那一天的到来。总有一日，我们一家三口可以手牵着手，无忧无虑地躺在草地上仰望蓝天；总有一日，我们可以在同一个屋檐下吃饭唱歌喝酒聊天；总有一日，我们可以不再忍受分离的痛苦，享受彼此相伴的每一天……不要难过，不要哀伤，那一天，不会太遥远。

2.从今天起，如果要别离

我常说，我的人生有三个阶段，第一个阶段充满了噩梦般的回忆，让我经历了一段惨淡的人生。从41岁起，我进入第二个阶段，充满了思念不得见的苦涩，让我经历了一段孤单的人生，而这一眨眼又是十几年。

十几年里，心中徘徊最多的情绪就是思念，思念那张熟悉的面孔，思念他身上淡淡的气息，思念相拥时的体温，也思念他孩子似的脾气。我不知道他每一刻都在做什么，也不便在工作时间打扰，他的工作从清晨到深夜，我不知道哪一刻属于我。我的担心我的挂念在梦中化作一颗颗星辰悄悄亲吻着你，你的心是否和我一样？

姜哥进入大陆工作的前五年并没有那么忙碌，每个月有20天在大陆跑场子，录节目，出唱片，其余的日子都可以待在台湾陪伴我们。最近这几年，姜哥的歌越来越受欢迎，大陆这边的事业也算经营起来了，工作愈加繁忙就意味着我们失去他更多。这些年姜哥几乎没有回过台湾，两个月回来一次已属难得。他常说："小凤，你过来陪陪我。"可是姜汶婷还小，我无法将她一个人丢下去找姜哥，即使我们彼此思念，也不得不分隔两地。最开心的当属寒暑假，只要一到了寒暑假，我会立刻带上姜汶婷到大陆陪姜哥。

我从来没有逼迫姜哥出去赚钱，作为一个女人，怎么可能不希望老公守在身边？万一他在外面遇到其他的女人，两个人两情相悦，那我岂不是因为还债而失去了老公，失去了这个家？因为爱，我信任他，也是因为爱，我害怕失去。所以这十几年，"姜育恒"三个字无时无刻不在我的脑海中。看不见，摸不着，又无法在工作时间打扰他，我只能在心中想一想，念一念，试图同他更贴近一些。有时候我会想，他这会儿应该在录歌吧？或许是在准备演唱会？中午时分我会想，他有没有按时吃饭？不会又是一碗泡面就打发了吧？到了晚上我又会想，今天的工作结束了吗？可以休息了吗？除此之外，我什么也做不了。

一天当中，深夜是我最开心的时刻，每逢这时，我的内心就充满了喜悦和期待，因为这个时间，姜哥一定会打电话回来，这是我们的习惯，也是我们之间的默契，每天晚上必须通一次电话，互报平安，十几年如一日，从来没有间断过。这是我们唯一的通话时间，我要告诉他我在台湾过得很好，我可以照顾好自己，也可以照顾好女儿，我要他放心，要他安心工作，完全不必有后顾之忧。姜哥也会告诉我，他已经平安回到酒店，让我安心睡觉。只有这样我才可以放心，因为每个地方都会有表演或者庆功宴，他又喜欢喝酒，我怕他喝太多万一出了什么事我都不知道，所以姜哥每天晚上一定会和我通话，告诉我他已经回到酒店准备休息了，我才可以安心地道一声晚安。

他偶尔也会有喝多的时候，倒在床上烂醉如泥根本无法打这通电话，我会一直静静等待，等到天上的星星渐渐暗淡，等到天空泛起了鱼肚白，等到太阳整个从海平面跳出，等到那一声电话铃响起。姜哥会向我解释，会向我道歉，但我从没有责怪，也没有埋怨，只要听到他一切安好，我便心安了。有了这样一次经历，姜哥再也不敢忘记打电话向我报平安，他知道我挂念他，他更心疼我。

这十几年，我们就是通过这样的方式安慰彼此孤单的心。有时，打电话的时间太短，千言万语来不及述说，我就会发短信给他。每一天不管我做了什么都会以短信的方式告诉他，包括我和女儿到哪里玩，我们吃了什么东西，哪怕我今天肚子痛，我都会告诉他。我希望他可以了解我在台湾的一切，即使分隔两地，我们的生活对彼此来说也都是透明的，不管是我的一举一动、一颦一笑，还是女儿成长中的一点一滴，我都要他能够“看”得见。我要让他知道，我们的距离并不遥远，他从来没有离开过我们，我们对他的思念也从未停止。

曾经，我们日日相守，却因为感情或是金钱产生许多困扰，当我们的日子终于慢慢好起来了，却又不得不分离，无法在一起。没有任何一个女人愿意过这样的日子，只是我没得选择。每当我因极度的思念而委屈难过时，都会问自己，女人啊，你要的到底是什么？二十几岁，你要专一的爱情，为了爱情，你受了许多罪；三十几岁，你选择了痛苦的相守，当这个男人毅然决然地从舞台走向生意场，你为他背负了十几年的债务；四十岁开始，你为了家庭，为了还清欠下的债务，为了给女儿一份稳定的生活，你只能放手让这个男人去赚钱，即使留给你的只有思念和孤独，你也别无选择。

生活即现实，我无从抱怨，无从悲伤，我很清楚，只要姜哥留在台湾，留在我身边，我们就没办法赚钱还债。所以我必须让他出去，不管什么样的场子，不管赚多少钱，不管是录影、跑电视台还是其他形式，他必须离乡背井，必须离开我身边，才能重新将事业经营起来。也只有这样，我和我的姜汶婷、我的家才能重新站起来，日子才能慢慢好起来。为了我的女儿，我们任何一个人都不可以自私，每个人都必须做出一些牺牲。

朋友问我，现在社会上小三那么多，你怎么能放心把他一个人放在大陆？我告诉她，我有这个信心。我和姜哥经历了太多，我们为彼此付出了什么，只有对方才能明白，如果我的先生可以因为随便一个女人放弃家庭，这种忘恩负义的人，我又何必去爱；如果他真的做出这种事，便不值得我去珍惜，那么放手也是我的幸福。

别人不了解他，可是我知道，姜哥是一个有情有义的男人，谁还没有过年少轻狂的时候，但这些年，他始终坚守在我身边，从来没有放手，无论是在生活中还是在精神上，他永远一只手牵着我，一只手牵着姜汶婷。我们三个人的关系根深蒂固密不可分，任何人想要插进一脚，都绝无可能。

这些年，他虽然只身在外，却从没有让我有一点点困扰，因为他知道我一个人在台湾也备受煎熬。他经常对朋友说，做老婆难，做艺人的老婆更难。从我21岁那年开始到现在，他几乎从来不属于我，而我不管做什么都是为了他。我真的无所求，既不求功名利禄，也不求富贵荣华，我只希望他幸福，所以我时常觉得我这辈子就是为他而来的。

我是一个很容易满足的人，不需要时时的浪漫和礼物，只是偶尔真挚的话语，已经是莫大的惊喜。有一次姜哥对我说："小凤，你比我的亲人还亲，我除了哥哥和姐姐，已经没有别的亲人了，现在只有你是我最亲的人。"我很欣慰，也很感动，能够得到这样的肯定，我已经没有更多奢求。

姜哥从来没有太多甜言蜜语，他总是用行动向我证明他那颗赤子之心，他像一个亲生儿子，毫无保留地对待我的父亲母亲。逢年过节，无论父亲要做什么，姜哥永远第一个冲上去帮忙，我的兄弟姐妹没有想到的事情他都想到了。他对我的兄弟姐妹的真心实意，对我父母的那份无微不至，无不令我动容。这样一个富有责任感的男人，我怎么会放心不下？

退一万步讲，姜哥孤身一人在大陆十几年，对于某些事情，我必须学会睁一只眼闭一只眼。既然我什么也看不到那又何必胡思乱想，即使看到了又能怎样？有些事就算我知道了也只会伤害彼此。他那么善良，那么有责任心，不会因为日子好了就离开我们。而我，付出了我的青春，推开了我的爱人，牺牲了本应得到的一切，我又怎么会放弃这个家？我对现在拥有的一切备感珍惜，也必须用心守护，只要姜哥的心还在这个家，我就不会因为任何人任何事去打破这来之不易的安宁和幸福。

姜哥又何尝不是这样，他比我更加小心翼翼地呵护着这份感情，对任何能够给我造成困扰的因素都更加紧张，他也害怕会失去我。

曾经因为合约的问题，姜哥和启航唱片闹翻了，因为启航在姜哥一切归零时对姜哥有恩，所以姜哥一再忍让，一直没有正面回复此事。直到最后，姜哥之前的经纪人发了一篇新闻稿，说姜育恒一直在欺骗大家，让所有人以为他是一个好男人，对妻子小凤忠贞不渝不离不弃，其实姜育恒在外面有一个女人，他早已对小凤始乱终弃。文章绘声绘色，言之凿凿，不知情的人很容易被误导。

在新闻出来之前我对此事毫不知情，一看到新闻稿我立刻明白了，这篇文章摆明了是要激怒我，破坏我和姜哥的感情。姜哥一看到这条新闻立刻给我打电话，他说小凤你一定要相信我，他在胡说八道，在破坏我的家庭，我一定要告他告到底。那一次姜哥是真的大发雷霆，在他看来，我一直怀着感恩的心忍气吞声，但是你却得寸进尺，你如何贬低我都行，但是你不应该诋毁我，破坏我的家庭，这已经触及一个男人的底线，是绝对不可以容忍的。

听到他说这样的话，我知道我和这个家在姜哥的心里有多么重要。其实看到这篇报道以后，我一直是无动于衷的，甚至一通电话都没有打给他，直到今天我都不知道文章里面这个女人是谁，到底存不存在。因为我根本不必在意，又何必追根问底。在电话里，我只对姜哥说了一句话，我说我不是第一天认识你，风风雨雨都走过了，我怎么可能会因为一篇新闻就对你产生质疑？如果我是一个捕风捉影的人，那么断送眼前幸福的人就是我自己。

阿弟说我是一个十分难得的人，无论多苦多难，总能从中找到一丝快乐和幸福，人在最痛苦的时候还能体会到幸福感，这不是一般人可以领悟的。就像我在最辛苦最煎熬的那段日子选择和姜哥结婚，我从不认为我失去了什么，反而在最后得到的最多。我拥有一个有担当的丈夫、一个懂事乖巧的女儿和一个

温暖安逸的家，这些是我人生中最重要的东西。不管过程有多么辛苦，我仍然享受其中的快乐和喜悦，因为我有一个最强大的动力，就是爱，无论是我和姜哥之间的爱情，还是我们对女儿的爱护，这些都是我力量的源泉，这就是人生的意义。

不久前有朋友问我，为什么你可以和姜育恒走那么久？我告诉她，姜育恒对我来说就是头顶的一片天，他将暖暖的阳光洒在我和姜汶婷的身上，用温情的雨露滋润我们，让微微的风吹拂我们，带着我和姜汶婷度过每一天。因为有他，我才能和姜汶婷这么安逸地生活，因为有他，我才懂得人生的真谛。虽然他不在我们身边，但是他从来没有离开过这个家，他和我们心心相印，从不曾走远。

3.那无尽的长路你伴我走

在背负巨债的日子里，我体会到什么叫作水深火热，在与姜哥分开的日子里，我又懂得了什么叫作度日如年。有些苦，一辈子都无法忘怀，令人不敢触碰，只稍稍回忆便已苦涩得让人泪流满面。苦难的当下，每分每秒都万般煎熬，然而当它成为过往，却发现时光韶华早已悄悄流逝。难怪有人说，人生苦短。

我也时常觉得人的生命太过短暂，还没有和你看遍世间繁华，人生已过大半，还没和你踏遍千山万水，我们都已容颜老去。值得庆幸的是，我们曾一起经历过最惨淡的人生，在那些最漫长的日日夜夜，有我们的彼此陪伴，有我们的点滴回忆，足以令我回味一生。

时间如流水般匆匆地从指缝间溜走，转眼已经是2009年，除了闺蜜那800万还没还完，我们大部分的债务终于还清了。有一天姜哥对我说："小凤，你去翻翻那个账簿，看看还有谁的钱没有还。"我抑制不住内心的激动赞叹道："老公你好棒哦，那么多的债务我们都还完了！"翻开纸张泛黄的账簿，我告诉姜哥，现在只剩最后一笔，是雪华借给我们的53万。

我打电话给雪华，恰好她在大陆拍戏，是她先生接的电话。她先生叫邓育坤，是台湾的一个编剧及制作人，2011年的时候不幸离世了。听到是邓先生的声音，我问道，大哥，雪华在不在？他说不在啊，小凤你有什么事吗？我说，很多年以前，我欠雪华一笔53万的账款，育恒现在把该还的钱都还得差不多了，我想把雪华这笔钱还掉。邓先生愣了几秒，惊讶地说："我是在做梦吗？现在是什么年代，还有人打电话过来还钱！"

这件事我们身边的朋友都知道，每个人都对姜哥竖起大拇指，都说姜育恒你太牛了！人家有钱也装作没钱，可是姜哥尽可能早早地把所有的钱还得干干净净。我敬重这样一个讲信用重承诺的姜哥，他永远是这样，当初答应大家的事就一定会做到。他用自己的肩膀扛起所有的债务，每天东奔西跑去赚钱，我也崇拜这样一个有担当的姜哥。他从来都是欠人家的一定要还，人家欠他的还不还都没有关系，所以每个人都愿意和姜哥交朋友，这种男人值得去信任。

光明磊落讲信义，善良正义有担当，这就是我认识的姜育恒。也许在结婚之前他的确做了一些错事，但看一个人绝不能通过一两件事就妄下论断，那样就未免太片面了。正是因为他这样的性格，他来到大陆以后结交了许许多多的朋友，他像一个大哥那样，尽可能地呵护每个人，对所有人都有所承担，只要别人开口请他帮忙，他一定毫不犹豫，竭尽全力。

也正是因为这些朋友，姜哥才能在大陆越走越顺。姜哥是一个心思细腻懂得感恩的人，对于这些朋友，他真心感激，无以言表。2011年，姜哥发行了一张专辑叫《我和我的朋友》，这首歌包含了姜哥全部的情感，也唱出了他所有的心声，他希望听到这首歌的朋友都能够接收到他发自肺腑的感激之情。

这首歌出来不久，姜哥觉得这十年来在大陆累积了不少朋友，现在债务还完了，他应该请大家吃一顿饭。没有请柬，只有一条内容简单的短信，短信里写着：某某某，3月3日有空吗？我想请你吃饭。就是这样一条信息，他一共发了120多个人。

3月3日是我们的结婚纪念日，但是姜哥刚刚发行《我和我的朋友》那张专辑，所以我以为他只是想借这一天邀请他的朋友来吃个饭，感谢大家对他的照顾，也让大家看到他今天的成绩。他一共邀请了120多个人，助理问他，姜哥你有这么多的朋友吗？120多个哎！姜哥说我也不确定，反正短信已经发出去了，酒店也订好了，会不会来就不知道了。没有任何正式的邀请，只有一条简单的信息，3月3日那天，除了两个人没来，其他人全部到齐，12桌坐得满满当当。

自始至终，我一直以为姜哥是想邀请朋友们前来聚会，把今天晚上的宴会录下来，制作成这首歌的MV，所以我什么都没有准备。当天，姜哥突然给我打电话说："小凤，你今天4点过来化妆。"因为我从来不化妆，所以我问他："为什么要化妆，吃个饭而已干吗要化妆？"他说："这么多朋友在这边，我要带你见人，你就化一下妆嘛！"于是我下午过去化了妆，马上就有记者来采访我，要我讲一些话。我说我不要讲，叫姐姐讲。因为我很少接触记者，我从来不去谈论个人问题，也从来不去讲姜哥的事情。

结果那天晚上，姜哥给了我一个大大的惊喜，他把我请上台，在众人惊羡的目光里，在我毫无心理准备的情况下，他送给我一个巨大的蛋糕，我这才知道今天的晚宴是姜哥特意为我准备的结婚纪念日礼物。那天是我结婚以来第二次感动，在我们18周年结婚纪念日里，姜哥再一次让我感受到被所有人羡慕和祝福的满足感。那天在台上，主持人一直变着法儿地让我们接吻，事后女儿对我说，她坐在台下觉得好丢脸。

那一天，姜哥终于兑现了他二十几年的诺言，他对我说："小凤，债务还清了，从此以后我要给你一个全新的生活，我要让你什么都不用烦恼，我要让你要什么有什么。"我的眼泪不争气地流下来，这一次是喜悦的泪水，不是因为所谓的诺言，而是替姜哥感到高兴，从今天起，他终于可以做回自己，不必为了还债而去唱歌，我也替自己感到高兴，因为我再一次确定，这辈子我选对了人。

走在一条充满苦难的路上，我曾以为这条路没有尽头，在经历了重重险阻以后，我却发现道路两边是这世间最美丽的风景。人生的道路那么长，有了你的陪伴，一辈子几十年都嫌太短。这样短暂的日子，我们却没有机会停下脚步，静静享受彼此相依的幸福。曾经的风风雨雨是我陪你一起走过，今后的阳光灿烂我便邀你与我一同分享。

4.繁星流动，与你同路

当一切成为往事，我依然会时常回首，只是此时已是另一种心态，人生如同品茶，每道茶的滋味不尽相同，每次的回味又是不一样的感触。多年以后，爱着的依然不能淡薄，错过的仍旧无法解脱，这些年来，我们得到过，也失去过，一点一滴如同流动于天际的繁星，已成过往却刻骨铭心永恒不灭。

我是一个十分念旧的人，对人对物皆是如此，所以很多时候你问我为什么不肯放手，其实只是因为我怕错过了这个就再也找不到第二个了。迄今为止，我依然保留着姜哥第一次送我的礼物，那是一枚镀金的别针，一串葡萄的造型，并不别致，当我收到这份礼物的时候，我甚至颇为不解：这个男人怎么会选择一枚别针送给我，一个二十几岁的女孩子怎么会喜欢这种东西？后来才明白，这枚别针是那时他买得起的最精美的礼物。那枚别针我至今保存完好，虽然过去许多年，款式也已经老旧，但当初的那种情愫却依旧如初。

除了这个，还有许多东西我都一直保留，不会随便送人，更不会随意丢弃，包括那本翻烂掉的电话簿和一本记满债务的账本，它们是我一个阶段的人生笔记，无时无刻不提醒着我，当初我是如何走过来的。每当翻开这些笔记，我就能想起，这些人是我当年每天都在翻找的人，或许有些人已经不在，或许有些人许久未联络，可这些都是我最珍贵的记忆。即便记忆并不美好，却时时刻刻提醒着我，那样的经历有一次就足够了。所以我现在仍旧常常对姜哥讲，你千万不能再去做生意，我们这个年纪再也输不起了，人这一辈子只能失败一次，不能在同一件事上跌倒两次，这把年纪再跌一次，就一定爬不起来了。对于我来说，这些东西弥足珍贵，它们是我生命的见证者，是我不能割舍的记忆。

我珍藏每一件人生的纪念品，我更珍视每一份独一无二的友情。

阿弟，是我人生中最重要的伙伴，不仅是我的朋友，更是我的精神导师。是他开启了我人生的智慧，我思考，我感悟，我包容，我珍惜，否则我不可能熬过一个负债累累的12年，再度过一个独自坚强的12年；没有他，我也不可能和姜哥结婚，我会失去一个好丈夫，也会错过一个乖女儿。他就像天上那颗永远指北的星，无论世事变迁或是沧海桑田，他从来没有停止过为我指明前行的方向。当我迷失归途或是看不见希望，只要翘首仰望，总是能看到他耀眼的光芒，他会告诉我哪里才是回家的路，他会告诉我未来有我想要的幸福，因为知道终点不再遥远，我才可以看淡此刻的疲惫与苦痛。对阿弟，不是用言语就可以道得清我心中那份感激的，做任何事都还不清他对我的那份恩德，多年来，我们早已视他为家人，是我们最依赖的家人。

要感谢的远不止阿弟一人，姜哥从当年的名不见经传到后来的大红大紫，这一路，我们遇到了太多贵人，是他们一次又一次伸出的援手成就了今天的姜育恒。

还记得当年姜哥只身来台，苦于没有门路的时候，是蒋阿姨的引荐让他踏上星途，可以说蒋阿姨是姜哥进入乐坛的引路人。那时的姜哥身无分文，除了一副好嗓子和一颗执着于音乐的心，他一无所有。蒋阿姨从未图过半分名利，她可以让一个萍水相逢的青年住到家里，为他订报纸，教他学普通话，这一切只是出于对一个只身闯荡台湾的孩子的疼惜，对一个音乐天才怀才不遇的不忍。蒋阿姨对姜哥是有知遇之恩的，也许只是轻描淡写的一句话，对于无依无靠无门无路几乎看不到任何希望的姜哥来说，那便是天大的恩德。没有蒋阿姨，就不会有家喻户晓的姜育恒，所以蒋阿姨是姜哥一生都感念的人。

通过蒋阿姨，我们认识了愿意发掘和包装姜哥的苗秀丽，凭借第一首歌《爱我》，我们又结识了张小燕。虽然因为C小姐的事情，姜哥和开丽创意一拍两散，但那不过是一时冲动罢了。姜哥对每个朋友都极为珍视，他从未真的同她们生气，更何况她们两个对我的不隐瞒以及为我所做的一切，我是十分感动且备感珍惜的。所以当我决定和姜哥结婚时，我们邀请了张小燕做我们的证婚人。多年来，小燕对姜哥的歌唱事业照顾有加，我们这段艰辛漫长的恋爱她也都看在眼里，由她来见证我和姜哥的结合再合适不过。如今，我们的婚姻已走过22个年头，也许期间充满辛酸与苦涩，但是生活本来就是如此，能够和姜哥相守相伴，共同经历他的人生，已是我最大的荣幸，而今我们苦尽甘来，更是上天对我的恩赐，这一切，我感激阿弟的撮合，也感谢小燕的见证，我感谢当初的选择，也感谢所有人的祝福。

正是因为这些默默支持我们的朋友，我一直认为我的人生是幸运的，不管经历了怎样的坎坷，总会在最困难的时候遇到贵人相助。我永远不会忘记，在我负债累累时，为我挺身而出的闺中好友，她偷偷相借的800万不仅解了我燃眉之急，更让我看到了她对我的信任和珍重。2000年前后，姜哥由于种种原因被限制出境，需要我们缴纳130万的税款才可以解除禁令。如果不能出境，姜哥就无法到大陆唱歌赚钱，我们曾对所有人做出还债的诺言，却因为这件事被困台湾。就在我们走投无路时，又是她解囊相助，帮我们缴了税款。在我们顺风顺水时，这笔钱不算什么，在我们不幸落难时，这些钱却能扼住了我们的咽喉，让我们在通往新生的路上寸步难行。如果没有她，我不知道今天能否摆脱多年来的重担，呼吸着轻松且自由的空气。每当想到这些，我都想对她说些什么，然而有些感情却溢于言表。她是圈外人，为了保护她的隐私，我不会说出她的名字，我只是想借此机会告诉她，在我人生的书籍当中，有你重重的一笔。

除了这位闺中好友，令我一直念念不忘的还有雪华，如今雪华是名副其实的红透半边天，但对我们这些老朋友她依旧如初。不管时间过去多久，我依然记得那一天她塞给我53万台币的情景。人只有在落难时才看得最清楚，当我们山穷水尽负债累累，避而不见亦是人之常情，可她还在为我起会筹钱，而且是一分不留全部赠予，我不知自己何德何能可以接受这样的馈赠，也不知何以报答这番情谊。只有经历过负债的人才知道，在无助而绝望的边缘，只要一盏灯就可以照亮整个世界，只要一星火就可以融化所有冰冷，哪怕只是一个拥抱一句鼓励都是世间最温暖的阳光，雪华带给我的就是这样的感受。

后来，当姜哥决心重新来过时，我们又遇到了及时提供帮助的启航唱片的老板。那时我们刚刚卖掉房子，无处可去，是启航的老板资助我们安顿好新的住处。在我们被债主逼得躲无可躲、退无可退时，也是启航的老板帮助我们将这些紧急的债务暂时填补。当姜哥想要重新站起来，寻回歌唱事业时，还是启航的老板将他拉上正轨。不管后面发生了怎样不愉快的事情，滴水之恩尚且应当涌泉相报，更何况是这番深恩厚意，即使有一日对簿公堂，当初那份情谊依旧不可磨灭。

过去的大半人生，我们遇到了太多的贵人，请原谅我无法一一列举，尤其在我们极为困窘的日子里，每个帮助过鼓励过我们的人，我都报以感恩铭记在心，哪怕有些人如今已不再联络，但我仍旧希望能拾回那份曾经的友情。

我和姜哥一切归零以后，许多朋友我都没有再联络，并不是因为过河拆桥把朋友们忘记，而是因为担心大家害怕接到我的电话，恐怕许多人一看见我的号码都会不禁担忧：小凤怎么又来跟我借钱？我不想给大家带来不必要的困扰。这些不再联络的朋友中还包括一个与我十分要好的同学。当时我欠她九十几万台币，她也请讨债公司来向我要钱。我以为自高中起相识十数载，彼此信任了解，若真的要找我，我不会躲她避她，她大可不必如此。之所以难过也并非对她有所责怪，对于任何一个愿意借钱给我的人，我都抱着一份感恩的心。只是后来我试着和她恢复这段感情，她似乎有些拒绝。

在一次飞往大陆的航班上，我偶然碰到了她。我不好意思向她要电话，于是主动将电话留给她，希望她方便的时候可以和我联络，毕竟多年不见，我也有许多话想同她讲，可是她从没有联络过我。很久以后，我又在一次航班中偶遇她的老公，我依然如旧时那样称呼他，我说："老三，好久不见，很久没看到你老婆了，这是我的电话，叫她有时间和我联络，我们聊聊天。"可是直到今天，她仍然没有联系我。

我不晓得她的真实想法，是介怀当初请黑道讨债，而今不知该如何面对我，还是在担心我与她联络是因为有求于她？我不知该如何才能让她明白，你无须再怕我，我如今的境况已经好起来了，我感谢你们当初对我的帮助，我是真的想重温那份感情。我曾经安慰自己，她一定是弄丢了我的电话才无法与我联络，可是我再一次将名片递给她老公，她却依然杳无音讯，让我不得不承认她似乎真的不想见我，这多少令我感到有些遗憾。曾几何时，她是我高中时最要好的朋友，我们一起跳舞一起出游，一起谈天一起说地，可如今这些都只能保留在回忆中。许多人无法联络，无法亲口道一声感谢，只希望曾经帮助过我们的你，在看到这本书的时候，能够明白我的心意。

无论是聚是散皆是缘，无论是喜是悲都值得留念，当我们遭遇困境时，我从未对命运有过任何埋怨，当我们渐入佳境时，也不会忘记当初一点一滴的恩惠。无论曾经经历过什么，无论将来的路有多长，无论朋友你身在何方，无论你是否能够耐心地看完这一章，我都要告诉你们，我和姜哥始终心怀感恩，感谢你们一路做伴，感谢你们让我们懂得珍惜，感谢你们成为我们生命长河中的一颗颗永恒的繁星，照亮了我们的道路，点缀了我们的人生，让我们在任何时候都没有感到过孤单。

第四章 告别·爱

1.我的女儿姜汶婷

人与人之间讲求一个缘字，有些是善缘，有些是恶缘，我的女儿对于我们来说就是一份善缘。

她还在我腹中时，我们便心有灵犀，她似乎知道妈妈在为爸爸的债务奔波，所以从来不会让我难过，这样我才能坚持为姜哥周转资金直到女儿出生。那时候我还挺着大肚子去阿弟的庙里做饭，姜汶婷也从来没有让我感觉到疲惫。我觉得虽然她还只是一个胎儿，却能够理解妈妈的辛苦和不易，这一点让我很是欣慰。

姜汶婷一出生就非常乖巧，她好像懂得我的心思，知道我们家的境遇，所以几乎从不哭闹，也很少让我们为她费心。唯一令我担心的是，她一直不爱吃东西，三岁的时候比同龄的孩子瘦很多。姜哥教育小孩子非常严厉，有一次因为吃饭的问题打了姜汶婷。姜汶婷也是个聪明的孩子，通过这件事，她便摸清了爸爸的性格和脾气，从此以后再也没有惹恼过姜哥，只要姜哥说一，她就不会讲二。

正是因为这样，她从来不会任性，因为她知道在爸爸面前任性是没有用的，反而会让自己碰钉子。姜汶婷九岁那年，姜哥的演唱会需要女儿上台做他的特别来宾，那是姜汶婷第一次上台，小女孩总是会羞涩紧张。她小心翼翼地问姜哥："我可不可以不上台？"姜哥只是淡淡地说了一句"不可以"，她便乖乖听话，没有再说什么。因为姜哥的教育，我不敢说我的女儿有多么优秀，但成长的过程中，她塑造的一种人生观是我十分认可的，那就是当她没有选择的时候，她一定会欣然接受并且坦然面对。

其实我一直觉得有些对不起我女儿，她小的时候我们生活比较艰苦，许多小孩子可以拥有的我都没办法给她，我们唯一能做到的就是给她一份完整的爱。可是我从来没告诉过她我们家的日子是怎样的，因为即便我说了也无法改变现状，反而会对她产生某些心理暗示，那样只会给小孩子造成压力，对她的成长毫无益处。但是我经常对她说："不管爸爸妈妈以后的日子是怎样的，你都要答应妈妈，你一定要认认真真地生活，认认真真地做好每件事，我不会要求你做什么，但是你必须对自己有所要求。"所以我女儿从小到大一直很独立，不管做什么事情她都会先以自己的方式考虑问题，她已经形成一种认知，我不能麻烦爸爸妈妈，我要自己试着去处理。

因为生活困窘，我们没有钱让她参加补习班或是特长班，但是我仍然告诉她："如果你觉得哪一科学不来，你告诉妈妈，妈妈可以请一个家教老师来帮你补习。"女儿很懂事，从小到大都没有要求过想学什么，直到上小学以后，她说："妈妈我想学习英文，我可不可以英文不要断？"因为姜汶婷读的是双语幼稚园，她学习了英文以后觉得英文很有意思，所以她希望读小学以后可以继续学习英文。我说："可以啊，只要你告诉我你喜欢什么，我就会让你去学。"虽然我们条件有限，但我不能因此影响女儿想要追求的东西，即使日子过得再拮据，我也会凑钱让女儿读英文。

渐渐地，我们发现姜汶婷在语言方面颇有天赋，她的英文和韩语都说得不错，而且她对各种语言的学习也越发感兴趣。前段时间她告诉我她想去学习法语，我说："好啊，无论你想学什么，我现在都有能力支持你。"

这是我对女儿的承诺，也是一直以来我教育女儿的方式。从小到大，只要是姜汶婷为自己做出的决定，我都会支持她，她也很懂事，从来不会提出过分的要求。我要告诉她，只有自己才能决定自己的未来，并且每个人都要为自己的行为负责。女儿的功课，我几乎从不过问，这是姜汶婷自己的事情，她有责任将自己的功课和课余生活协调好，我也相信她会对自己的功课负责。我常对女儿说："只要你安排好自己的课业，你想做什么就尽量去做。"姜汶婷也始终秉承这个原则，从来没有让我操过心。

现在想想，当初的确对她的功课过于懈怠了。她的高中老师曾经对我说："姜太太，如果您给姜汶婷一点儿鞭策的话，她今天的功课会更好。"老师之所以会这样说是因为一件事。有一年姜哥开演唱会，姜汶婷正在读高一，一开学姜汶婷就请假18天跟着姜哥去天津、合肥、上海巡回演唱，回到学校时，距离第一次月考只剩十几天了。由于姜汶婷落下太多功课，老师只好在下课时间为她补习。姜汶婷回到家对我说："妈妈，这次考试我想放弃了。"我问她："为什么？"她说："我刚刚上高中，很多数理化的公式都没办法理解，也不太会运用。"我说："那你就先背下来嘛，至少应该努力一下啊！"那一次，整个年级近50名学生，她考了第24名。

这次考试之后，我请了一个理科老师来辅导她的功课，补习了将近一个月，在第二次月考中，姜汶婷考了第三名，老师颁给她一个最大进步奖。老师说："姜太太，我不知道应该怎样跟你讲，我觉得你应该给姜汶婷多一点儿鞭策，她可以考到第三名就说明她还很有潜力。"回到家我对女儿说："老师这样夸奖你，你要不要拼拼看，尝试一下能不能到达第一名？"她说："好吧，那我试试看。"第三次月考，姜汶婷还是第三名，结果还因此引发了另外一件事。

姜汶婷是狮子座，对自己非常有自信，考试从来不作弊，但是她发现第一名和第二名私下里偷偷互通答案，所以他们两个永远一个第一，一个第二。姜汶婷跟她爸爸一样，正义感十足，知道原委之后立刻跑去告诉老师。她说："老师，我考不上第一名是有原因的。"老师问她为什么，她说："因为前两名同学考试的时候互相作弊，所以不管我怎么考还是第三名。"老师立刻去调查这件事，了解情况以后非常生气，因为考试作弊的远不止那两个同学。有一天老师对全班同学说："除了姜汶婷以外，所有作弊的同学都给我主动站起来！"

姜汶婷把事情的原委讲给我听，我觉得老师的做法实在有欠妥当。我不明白老师怎么可以用这种处理方式，姜汶婷因此变成了全班同学的公敌。虽然姜汶婷伸张了正义，但这件事的负面影响令她十分反感。

这之后不久，学校里又发生了一件事。一个女孩子因为和一个男生谈恋爱分手，回到家以后又被家里人责备，一时想不开便从学校顶楼跳了下来。这件事再一次让姜汶婷对这所学校产生了逆反心理。

本来这所学校就不是姜汶婷最初的选择，虽然也是台北排名前三的学校，但她想报考的是一所国际学校。因为中考发挥失常，没来得及在答题卡上写答案，姜汶婷与她中意的学校失之交臂。被这所学校录取以后，姜哥为她办理休学一年，送她去美国读了一年书。回来以后，姜汶婷不得不继续在这所学校读书，之后就发生了这一系列的事情。姜汶婷觉得这所学校带给她的全部是负面影响，所以高二那年她便自己申请美国学校出国留学去了。留学的事情我和姜哥都没有帮忙，完全是她自己做出的决定，所有的手续也都是她自己办理的。

现在我女儿一个人在英国读书，但是我从来不担心她照顾不好自己，从小到大她都是那么独立，我相信她有这个能力。

伴随女儿的成长，我们俩的关系越来越像朋友，我们无话不谈，畅所欲言，我相信她，她也信任我，我常常开玩笑说："她几乎已经忘记我是妈妈了，只有在肚子饿的时候，她才会说'妈，我要吃饭了'。"所以女儿从来不会对我隐瞒她的心事，她的所有小秘密对我来说都不是秘密，她愿意对我吐露心事，愿意让我帮她出谋划策，因此我不必去猜测她的心思，也不必担心她在外面会出什么状况。

我们之所以能够融洽地相处，是因为我对女儿从来不会以一个过来人的角度去说教，更不会随便对女儿发脾气。我觉得一个孩子出生在这个世界上，她就是一个独立的个体，即便还是个孩子，她也同我们一样，需要得到足够的尊重。我身边的许多朋友都喜欢把小孩子当作自己的附属品，喜欢按照自己的意志去安排小孩的行动，习惯居高临下地训斥小孩，从来不问他们内心的想法。最后许多小孩子不愿意同父母讲心里话，因为他们害怕爸爸妈妈，他们知道一旦自己的想法和父母有所不同，就会遭到反对，或者自己无意中做错了什么事，就会被父母责骂。随着小孩的成长，他们宁愿慢慢地将自己的心事埋藏，也不愿意同爸爸妈妈沟通。我们曾经都是孩子，小孩的心灵幼小而脆弱，更需要我们为人父母的去呵护和理解。

其实每个小孩子都是极其聪明的，得到充分尊重的孩子就会学着去尊重别人，经常被斥责和埋怨的孩子则会学着推卸责任。我始终认为，相比功课的优秀与否，一个孩子能够拥有完善的人格才是最重要的。我不能说姜汶婷有多优秀，但是我知道，无论在哪里，无论处于何种境况，姜汶婷都可以生活得很用心，很快乐。

姜汶婷是菩萨送给我的福星，她在我们最艰难的日子里降临，给我无望的生活带来最温暖的阳光，用稚嫩的小手抚慰我疲累的心，用最纯真的爱给予我力量。可是我们却无法给她一个最美好的童年，每每想到那些四处躲债的日子，我便心疼不已。如今，虽然我们已经还清所有债务，但我和姜哥暂时还不能过自己想要的生活，我们全部的生活重点都变成了姜汶婷。姜哥一直认为亏欠女儿太多，所以趁他还可以赚钱，必须继续努力地工作，为她创造一个衣食无忧的生活环境，从今以后不必再受半点苦。女儿已经长大，作为父母，我们能做的也只有这些了。

而今我也有底气对她说，只要你想去哪里玩，我都会尽量让你出去玩，在你小时候我没有办法给你的，现在我都会尽量给你。我不希望我的女儿和我一样对青春有所遗憾，我要尽我所能让她无忧无虑地成长，在她还拥有美丽年华的时候便去尽情释放，在她还拥有自己的人生时便去尽力争取，在她还能够自由自在地生活时便去尽情享受，这是你作为孩子的权利，也是我们作为父母的幸福。

2.因为我是你的家后

自从我们还清债务的那天开始，我的生活重心就只剩下两件事，一个是我的女儿姜汶婷，一个是我的老公姜先生。对比女儿，姜先生反而更加令我担心，很多时候，他更像一个孩子，一点一滴都需要我为他安排妥当。

爱一个人需要经得起同甘苦共患难，爱一个人又并非仅此而已。还记得当初爱上他时，曾在心中暗暗发誓，从此以后再也不要让他受苦，从此以后要让他因我而幸福。我以为我的紧紧追随就是对他的爱，我以为我的不离不弃就是对他的好，可如今看来，我似乎食言了，我以我的方式帮他助他，以我的方式爱他救他，却让他在债务的旋涡里转了12年，又背负着全部的责任一个人打拼了12年。我从不后悔陪他一起跳进旋涡，却常常反省是否当初应该将他拉出苦海。无论如何，过去的无法重来，却绝不能看着他在后半生再一次沦落窘迫。

并非是我杞人忧天，只是姜哥的想法总是像孩子一样单纯。他善良耿直，对朋友重情重义，被他当作朋友是一件很幸福的事，只要朋友开口，他一定不会拒绝，在他的意识里，他对生活的态度就应该是“天生我材必有用，千金散尽还复来”。我并不反对他对朋友出手大方，我担心的是他的毫无心机。当年做生意的时候，姜哥全身心地投入其中，只是主导权不在他手中，他自始至终都是跟着一位大哥一起投资的，而今想来，有时候有些事真的令我非常不能理解。

我非常喜欢新加坡，恰好姜哥的许多投资都在新加坡，于是新加坡便成了我们一家人的旅游胜地。一个暑假，我们一家人带上弟弟一家去新加坡旅行，没想到过海关时我和姜哥却被拦了下来。这时候我才知道我们被限制出境了，原因是姜哥被一桩经济案牵涉其中。

姜哥早先在投资时认识一个日本人，这个日本人是姜哥在新加坡的哥哥介绍给他的，以姜哥的性格，朋友的朋友就是我的朋友，所以这个日本人请姜哥帮忙的时候，他毫不犹豫就答应下来。当时这个日本人在台湾投资了一个高尔夫球场，需要将一笔钱从日本汇到台湾，出于某些原因，这笔钱需要经过姜哥的户头，再由姜哥转给这个人对高尔夫球场的投资案，一共是900万。

可是我们都没有想到，这个日本人是一个经济犯，在我们被限制出境之前已经在日本被抓获，他在供述洗钱这一部分的时候提到了姜哥，于是我们变成了他洗钱的对象。可是这些事情我们一无所知，甚至对台湾调查局调查我们的事都毫不知情。政府以为我们参与洗钱，所以要我们缴纳这900万的相关税金，一共是130万。这个时候姜哥还没有一切归零从头再来，我们自己已经亏得很惨，哪有130万可以缴？所以这件事一直压到姜哥必须到大陆赚钱还债。迫于无奈，我再一次找到借给我800万的那位朋友，并毫无隐瞒地对她讲出实情。我对她说，我现在实在拿不出这么多钱，你一定要帮我，如果没有这笔钱，我们就没有办法赚钱还债，什么从头再来都成了一句空话。朋友再一次慷慨解囊帮我把税金缴清，三天后姜哥的禁令才解除掉。

姜哥这么容易相信别人，说不好哪天他就会两手空空地回来找我，我不得不未雨绸缪。况且演艺圈里的职业本身就没有安全感，今天姜哥还能唱歌，他就有收入，以后姜哥唱不动了，他就没有收入，这就是现实。所以我必须为将来打算，即使有一天姜哥一无所有地回到台湾，我也可以让他安度晚年。

从很早开始，我便置下两处房产，并且有一些田地。第一栋房子就是我们现在住的地方，起初，这套房子是我们租住的，阿弟看过以后说这个房子一路有财，我和姜哥住进来一定会财源广进。那是2000年，我们把原来的房子卖掉还了银行的贷款便搬进这里，的确如阿弟所言，姜哥自从住进来便平步青云。

可惜好景不长，有一天开发商突然不租了，他们要把房子卖掉。阿弟说："你一定要住在这里，这个房子有财，你和姜育恒一定会有钱的。"我和姜哥算过了，似乎买下来比租住更加合算。台湾可以贷款房款全额的80%，恰好开发商有优惠活动，首付的20%可以向开发商贷款，两年还完即可。不过这样算下来我的压力仍然很大，全款700多万台币，首付就是100多万，这么多钱分两年我们还是还不起，而且我也没有那么多钱支付第一笔款项。于是姜哥硬着头皮去找开发商，他说我要赚钱还债，你这边首付款我肯定拿不出来，可不可以先支付你台币5万块，剩下的分三年还给你？我们也是遇到了贵人，他们一看是姜育恒，便爽快地答应下来。就这样，700万的房子，我们付了5万块就住了进来。

2010年，姜哥赚到了第一笔属于我们自己的200万，他可怜兮兮地对我说："小凤，我可不可以休息两个月，可不可以不要唱歌？"这句话说了没几天，弟媳告诉我说，有一处房子不错，问我要不要去看一看。阿弟同我们一起看了房子，他说："小凤，第一个房子是财，这个房子是库，你一定要买。"那是日式的房子，有地下室，阿弟说这是一个龟壳，现在可以做我们的财库，以后我们在这里养老一定身体健康。问下来，首付200万。姜哥的愿望就这样破灭了。

到今年，第二套房子增值了1000万台币，但是我一直都没有卖掉，因为它是我的财库。如果当时没有买房子，200万吃吃喝喝玩一玩，很快就会被花掉，现在把它丢进房产里，这几年就赚到了1000万，是不是物有所值？所以我对姜哥说："你把钱给我，我绝对不会让它跑掉，只会增加你的财富。"

我喜欢买房子，因为我的田宅宫是最好的，只要我有钱就会买土地，包括父亲给我的钱，全部被我用来买田置地。

我可以理解姜哥，他重朋友讲义气，朋友向他借钱，他从不犹豫，所以他才会结识那么多兄弟，才能只凭一条信息便一呼百应。他常说钱是用来赚的，不是用来存的，赚钱就是要用，用在有意义的地方。我明白他的意思，也从来没有阻止过，但是作为妻子，我必须替他考虑到，如果以后你老了，不能唱歌了，我们手里又没有钱该怎么办？所以我必须做好他的后盾，把家里的财库积累得满满的。如果将来有一天姜哥回来对我说“小凤，我想要退休，我现在需要你养了”，我就必须养得起他。

现在，我们有这么多土地，如果没钱了，随便卖一块地我们就有饭吃，如果生病了，卖掉一套房子就可以治病。这是我的危机意识，我不可能再像以前那样，跟着他在负债的旋涡中一直打转。现在我为你积累了厚厚的家底，只要你说“我不想唱了”，我就可以让你回到我身边。你喜欢打球、喜欢朋友，想要做什么都可以，我为你积累的财富足以让你的晚年没有后顾之忧。这就是我爱你的方式。

爱一个人其实很简单，只是不能容忍你受一点点苦，所以你所忽略的我必须为你筹谋。爱一个人从来都不难，只是一辈子的等待，等你垂垂老矣回到我身边，我依然可以让你高枕无忧。因为我是你的家后，爱你是我的荣幸，你为我遮风挡雨一辈子，我能做的便是守好这一处港湾；因为我是你的家后，爱你是我的使命，你用臂膀承担起我的一生，当你疲惫的时候，我也可以为你撑起一片安逸的夕阳。待我们容颜已老，白发苍苍，我希望可以执子之手，共享恋恋红尘，细水长流。那时往事已成烟，只有你我做伴，日日相看两不厌，方能弥补我们分离的十几年。为了这一天，我已准备许久，只等你安心归来，留在我身边。

3.几度悲欢相逢该珍惜

相识相知三十几年，我随姜哥攀登过人生的巅峰，也陪姜哥经过人生的低谷，我可以放下他过去的感情岔路，也可以坚守住他身后的避风港湾，这些不是仅仅有包容就足够的，追根溯源还是因为我爱他，也是因为他值得我去爱。姜哥宅心仁厚，有时他所表现出的善良连我都不及，只凭这一点，他便时常令我感动，让我一再对自己说：我这辈子没有选错人。

经历过苦难才懂得苦难的悲哀，遭遇过绝望才懂得绝望的无助。姜哥的善良令他更加懂得感恩，不仅仅是挂在嘴上或者放在心里，而是一步一步付诸行动。来到大陆没几年，姜哥便一边还债一边做慈善，他想回报社会，想帮助那些有困难的人。因为他也曾经遭遇困难，若不是贵人相助，他不会重新来过，所以他要将这种大爱传递下去，他希望所有的人可以和他一样渡过难关。那时我们的债务只还掉一小半，我已经被债务压得透不过气，他还能从中分出一点儿去帮助别人，这一点是我最佩服他的，同时也让我觉得，这些年放手让姜哥在大陆创业是十分值得的。

由于我一直在台湾，几乎从不参与姜哥的工作，姜哥做慈善又很低调，所以他连我都没有告诉。虽然我不参与他的工作，但是只要姜哥开演唱会，我一定到场。因为姜哥身材比较特殊，随便拿来一件衣服他撑不起来，所以必须由我亲自挑选亲自把关，这些年姜哥所有的衣服包括演出服装都是由我来筹备的。要不是这样，我恐怕就要错过那感人的一幕了。

那天在演唱会上，一个瘦弱的小男孩走上台送给姜哥一封信，那是他亲笔写的感谢信，他想谢谢姜叔叔这一年来对他的资助。我这才知道姜哥一直都在默默做着慈善事业。这个小男孩身患血友病，只要一点点伤口就会流血不止，家里人为了给他治病把所有的钱都花光了，如果不能筹到医药费，后续治疗就会中断。恰巧姜哥参加了一个电视节目，知道了这个孩子的故事，他不仅帮孩子筹集医疗费，还亲自买菜做饭给孩子送去。所以这个孩子要在演唱会上亲自向姜叔叔道谢，他的父母也来了。小男孩稚嫩的声音，简单的话语，真诚的感谢，一字一句敲击着在场所有人的心。那一天，我泪如雨下，出于对这个孩子的心疼和惋惜，出于对这个故事的感动和欣慰，出于对我丈夫的骄傲和自豪。

然而每每提及这个孩子，我都会心痛流泪，因为小男孩隔年便去世了。他爸爸写了一封信给姜哥，他说："姜先生，不好意思，小朋友已经过世了，你不用再给我这笔钱，我可以出去自己赚钱了。"看到他爸爸的书信，我和姜哥的心掉进了谷底，心酸，难过，惋惜，懊恼，眼泪不由自主地溢出，我们无法接受那么小的孩子就去世的事实。只怪我们能做的太少，只怪我们没有许多钱去帮助他……直到今天，提及此事，姜哥仍然会红了眼圈。

姜哥资助的不止这一个孩子，他经常去参加这个电视节目，凡是看到需要帮助的孩子，他就会派助理到孩子家里去了解情况。只要确认这个家庭的确需要帮助，他就会让助理固定每月寄给他们5000元的生活费，以免孩子的父母为了赚钱把孩子疏忽了。在那个孩子离世以后，有人传给姜哥一条短信，说深圳有一个孩子非常需要帮助。姜哥立刻让他的助理坐飞机去深圳，看一看自己能做些什么。助理到深圳探访了那个家庭，回复姜哥说孩子家里确实有一些困难，姜哥没有二话，立刻开始资助他们。

慢慢地，姜哥突然意识到，需要帮助的孩子很多，光靠一个人默默做慈善是不够的，他需要更多的力量，需要更多人的帮助，所以他想到要开设一个慈善基金会。考虑到我们家的境况，姜哥先征求了我的意见。做善事我从来不会拒绝，我更不会自私到因为我们自己的债务没有还清就不许拿钱去做慈善。因为我能够感同身受，当我需要别人帮助的时候，有人伸出援手我是多么开心，只要有人愿意伸手拉你一把，哪怕三万五万你都会感激在心头，这一点，没有背负过债务的人是很难体会的。也许现在说起这些事我可以表现出很轻松，可是当时的那种温暖和感动不是用言语可以表达的。每每提及这些，我都无限感慨，想到那些曾经帮助过我的人，我就会不由自主地热泪盈眶。得到我的支持，姜哥开始着手准备这件事，2008年，姜哥发起倡议的“爱的痕迹”专项慈善基金在上海成立。

我很佩服姜哥的勇气，自己还欠着外债，却愿意持续不断地去帮助别人，将所有的压力扛在自己肩上。如今恐怕没有几个人能做到这个程度，绝大多数人的想法都是“穷则独善其身，达则兼济天下”，按照当时的状况，我们绝对属于穷人一列，但姜哥却可以做到“穷亦兼济天下”。我并不想以此标榜什么，也从未想过以道德标准束缚任何人去做慈善，我认为就算有钱人也不一定非要做慈善，慈善事业一定是出于本心，如果是迫于某种压力不得不为之，那么就不能叫作慈善。之所以有感而发，完全只是单纯地为我的先生感到骄傲而已。

善良是姜哥与生俱来的本质，帮助别人是他义不容辞的本能，他做慈善一不为名二不为利，所以很多时候他不会让别人知道他做了慈善。台湾地震的时候他也曾捐款，姜哥认为用姜育恒三个字来捐，大家会觉得是在作秀，所以捐款不能用自己的名字，而是以姜汶婷的名义去捐，因为没有人会认识这个小姑娘。但是那么多钱一定会引起别人的关注，于是我们把大额的捐款分开来，每天捐一万。汶川地震以后，大陆这边有许多募捐义演，姜哥场场都要出席，只要义演他必须到，不但没有出场费，机票吃住都要自己付。姜哥的想法很单纯，因为我们没有那么多钱去捐助，只能尽自己的一份心力，既然有人喜欢听他唱歌，那么就以这样的方式募集资金捐给灾区也不错。

无论对家人还是朋友，姜哥从来都是毫无保留，即便只是萍水相逢的陌生人，他也永远宽厚仁爱，真诚待人，所以我和女儿爱他，朋友们支持他，被他帮助过的人感激他，这样的男人难道不值得我去深爱吗？时间匆匆流逝，许多人擦肩而过，能够相逢即是缘，姜哥就是一个惜缘之人，他的细腻、他的感性、他的善良、他的豪情，无不散发着耀眼的光芒。原来他才是那个最懂得珍惜的人，他珍惜每一份友情，珍惜我对他一点一滴的付出，也珍惜他和每个人的缘分，他懂得感恩，懂得举善，也懂得世间大爱。我常常会有一种感觉，这一生的等待与追随都是不够的，能够被这样一个男人宠爱一生，应是我几世才能修来的福气。

4.只想安静地陪你老

当风雨成为人生旅程中的一道痕迹，最平凡的风景也是海阔天空；当苦涩成为记忆深处的一丝滋味，最平淡的生活也是潺潺甘泉；当千斤重担全部化为尘土，即使没有翅膀也能飞翔；当我们一家人终于摆脱债务，过上安逸稳定的日子，世界的每个角落里仿佛都充满花香。

我是一个向往自由的人。我喜欢一个人看电影，沉浸在那种忧郁的情绪之中；我喜欢一个人爬山，探索大山里面的神秘感；我喜欢一个人看海，感受大海的宽阔与包容……我是一个没有办法被束缚的人，小时候便常常一个人旅行，我享受一个人自由自在的感觉，那种徜徉于天地间的畅快令我深深地着迷。

自从和姜哥在一起，我便无法再自私地为自己而活，即使姜哥从来不会约束我，对我百分之百地放心。因此，我更要做到让他百分之一千地满意，因为爱，我愿意寸步不离地守护在他身旁。在负债的那段日子里，我的眼里心里全部都是还不完的债务和借不完的资金，不要说自由，几乎连自己都要迷失了。这些年生活虽然稳定了，但背负债务的日子不好过，总有一块大石压在我的心头。

过去的几年里，最开心的莫过于一家三口一起吃饭一起聊天的时光，只要姜哥回到台湾，没有任何事可以打扰我们团聚。而这短暂的团聚却总是被眼泪占据。姜哥是一个极其感性的人，时常在回忆起过去那段煎熬的岁月时感伤落泪，每每想到那些不堪回首的日子，我都会忍不住痛哭流涕。我们哭过数百回数千回，已经数不清楚，每当我们说到当初为了钱不得不怎样的时候，眼泪就像断了线的珠子。那些日子太难了，没有一时可以停下来得到片刻喘息，甚至连哭泣的时间都没有，而今仿佛要把过去的眼泪一起流干，要将过往的压抑一并宣泄。

我们一家三口经常坐在床上弹吉他，姜哥有空就会教姜汶婷，我和姜哥也会喝点小酒，享受来之不易的片刻安宁。我们时常感慨，能够走到今天实属不易，不知道当初哪儿来的勇气和毅力，居然支撑了下来。女儿长大了，我也会告诉她一些过去的事情。姜汶婷有时候会问我："妈，你为什么不自私一点儿，你那时候一走了之就完了啊！"我便笑着嗔怒道："姜汶婷，你要搞清楚哦，你应该感谢我才对，我走了就没有你了！"后来我们再谈论起这些往事时便常常玩笑，那些值得我们回味的日子即使在笑声中也充满了辛酸和苦涩。

最让我心痛的就是看到姜哥哭泣，他是那么要强的一个人，你能想象到他也会哭吗？看到他掉泪，我也会忍不住落泪，他担心我看到他哭泣心里会难过，便只能偷偷地抹眼泪，这只会让我更加心疼和不忍，眼泪控制不住地扑簌扑簌往下掉落。每到这个时候，姜哥就会说："小凤，你可不可以不要哭了，看你流泪我难受。"听他这样说，我的心里更加酸楚，眼睛更加模糊。可是我舍不得他吃苦，舍不得他难过，我会尽量将眼泪咽回去，并不停地告诉自己：不要哭，不能哭，你一哭他就会跟着哭，你不能让他陪你一起伤心。

这样的场景常常发生在我家，两夫妻面对面地流泪，千言万语都化作喉中的哽咽。有一次姜汶婷突然说："妈，我觉得你们两个好好玩哦。"说着她的眼泪便流下来，我们故作坚强地笑，最终却变成三个人相拥而泣。这种感觉没有人能体会，现在回想起当时的心情，仍然有落泪的冲动。

所幸的是，我们一家三口都走过来了，当我们把所有债务还清的那一刻，我终于如释重负，好多年都没有闻到那么清新的空气，好多年都没有看到那么湛蓝的天空，好多年都没有感受到如此的轻松，我想大声地告诉所有人：我们的债务还清了！从此以后，我们没有债务的压力；从此以后，我们可以过上属于自己的生活；从此以后，我们可以一家团圆再不分离！那一年，我已经50岁。

50岁，我重获新生，抛开一团糟糕的过去，我要开始规划自己的后半生。第一件事就是学车，其实早在27年前我就考下一本驾照，只是一直没有开过车，所以要重新学起。姜哥问我为什么要学车，我给他讲述了我身边一个活生生的例子。

我有一个朋友住在靠近乡下的别墅，有一天她的先生觉得心脏不舒服，因为她不会开车，所以没办法带她先生去医院。当她先生昏倒的时候，她赶紧叫来救护车，救护车从市区到乡下再返回市区需要一小时的时间，由于没有得到及时的抢救，她先生最后半身不遂。事后朋友懊恼不已，她说："如果我会开车，在我先生不舒服的时候我就可以送他去医院，就不用浪费这么多时间，如果省去这些时间，他可能就有的救。"这件事让我想了许多，我不要悲剧在我身上重演，所以我要学开车。

第二件事，我和姜哥两个人都要戒烟。姜哥从年轻时开始抽烟，从来没有过戒烟的念头。2010年年底，有一段时间他一直咳嗽，因为从台湾到大陆，从南方到北方来回奔波，气候差异比较大，感冒反反复复，始终未见痊愈。医生告诉他，他的烟嗓子如果不戒烟，以后会很麻烦。他心知肚明，如果嗓子出状况，以后还怎么唱歌呢？有一天，他突然对我说："小凤，我要戒烟。"我说："好啊，那我们就一起戒吧！"原本为了怀上姜汶婷，我已经把烟戒掉，姜汶婷出生以后，我比怀孕之前胖了20公斤。生产之后的好一段时间我的体重都居高不下，如果继续下去就没有瘦下来的机会了。于是我开始抽烟减肥，没过多久便减掉了6公斤，就这样一直抽到五十岁，直到姜哥提出要戒烟。

2011年3月，我的女儿去纽约实习，6月我们一起去纽约看她。6月2日那天，我和姜哥在家里抽了最后一根烟，决心从此刻开始正式戒烟。上飞机之前，姜哥特意嘱咐我说："小凤，你有没有带打火机？上飞机不能带打火机哦！"我说："你不是要戒烟吗？我连烟都没有带，带什么打火机啊！"从那天起，一直到今天，我们没有再碰一支烟。

总是有人说戒烟难，我倒是觉得一点儿都不难，大概是香烟随处可见的缘故，整天吵嚷着要戒烟的人总是无法彻底戒掉。他们轻易地拿起一根烟，抽完以后才想起自己正在戒烟，于是反反复复戒了又抽，抽了又戒，如何戒得了？但是我和姜哥不一样，我们已经不再年轻，十分清楚这个东西对我们的影响，它会破坏我们的健康，影响我们的家庭，它已经不属于我们的人生，那么就不应该再次出现，自然而然的，它便渐渐离我们而去。有时我也会问姜哥：“你有没有一点点想要抽烟的感觉？”他说：“没有，一点儿想法都没有。”我也觉得这的确像姜哥的作风，如果连这点意志力都没有，如何左右自己的人生？也正是因为有这样的毅力，姜哥才能坚持十几年往来奔波疲于还债。这样想来，戒烟对于姜哥来说确实不是难事。

曾几何时，姜哥为我描绘了许多美丽的蓝图，许下许多令人憧憬的诺言，可是那些年条件不允许，很多东西都无法实现。在前半生里，我甚至没有去过欧洲，所以我要做的第三件事就是从50岁开始游遍欧洲。

50岁那年，我第一次去法国，踏上欧洲土地的时候我情不自禁地感慨道：这就是我的梦想啊！我喜欢欧洲的文化，喜欢欧洲的建筑，喜欢欧洲的气氛，喜欢欧洲留给我的记忆。那天刚下飞机，我便收到姜哥的信息，他说：“老婆到了吗？辛苦吗？这是老婆第一次到欧洲，一定要好好玩哦！老公送你三朵花——‘有钱花’‘尽量花’‘随便花’。”

你能想象到我有多开心吗？作为一个女人，老公可以传这句话给你，那种满足感和幸福感不言而喻。曾几何时，我们没有钱花，也不能随便花。那一年我们的债务还清了，我们赚的钱是属于自己的，当然想怎么花就怎么花。可是姜哥知道我不是一个随便花钱的人，所以他要告诉我，从此以后你不用那么节省，我们现在可以放心地花钱了，你不必再为了生活省吃俭用，想要什么就去买吧！从50岁那年开始，我知道我可以随便用钱了，那种被禁锢多年以后的释放，是那样令人愉悦和激动，我的世界从此豁然开朗。

以前要忙于还债，要照顾女儿，姜哥在大陆的工作我从来不曾参与，今年开始，女儿去英国读书，我也可以参与姜哥录制专辑了。在录音室里陪他一起唱歌，听他唱《感恩的心》和《惦记这一些》，我才真正体会到姜哥的音乐才华。以前总是听他录好的歌，我不知道这些音乐是一遍又一遍唱出来的，也不晓得他对音乐的敏感度可以精确到每一个音符。录音的同时他就可以分辨哪个音叉掉了，然后一遍又一遍反复纠正。哪句保留哪句重来，他指挥若定的样子令人着迷。我情不自禁地感叹说："老公，我发现你真是一个天才，不但会唱歌还会制作自己的音乐！"在那之前，我从来不晓得他对音乐的敏感度是这么强，直到那一天我才感受到姜哥对音乐的那份执着和投入。姜哥一向对自己要求严格，做事一丝不苟，每张专辑都是他亲自制作，所以每张专辑都非常棒。那一刻，我突然感慨，每个人的成功都不是随随便便可以得到，姜哥的成功注定是一种必然。

最近这两年，债务虽然还清，但姜哥的事业蒸蒸日上，忙忙碌碌中我也无法抽身出去休假。姜汶婷要去英国留学，台湾的家只剩下我一个人，不免过于冷清，所以姜哥希望今年的出道30年告别巡回演唱会结束，他可以把大陆的工作放一放，多陪我出去走一走，玩一玩，让我有一个全新的生活。我也要重新规划一下，从明年4月开始，以后的每年都能和姜哥一起去欧洲看看女儿，陪她小住一段时间。

我们的故事就讲到这里，我们的人生依旧未完待续，回首过往，开心的、不开心的，都是最美好的，痛苦的、快乐的，都是最甜蜜的。每个人的人生都是一本书，在别人看来只是一个故事罢了，自己翻看时却道不尽经年沧桑。也许这个故事并不精彩，但于我却只有一次。

不禁感慨，人的一生有多长？几十年一步一步走过，要经历无数的磕磕绊绊，要穿过无数的风风雨雨，要遭遇无数的挫折苦难，要享受无数的尘世繁华。我和姜哥的一生过得太辛苦，令人没有胆量重新走一遭，但我从不后悔，也没有任何抱怨，能够经历另一个人的人生，这本身就是一种幸福。

不禁叹息，人的一生到底有多长？不过掌心的一本书，寥寥数万字，写尽了一生的轰轰烈烈，精彩绝伦，也写尽了一生的爱恨痴痛、悲欢离合。我和姜哥的一生过得太不平凡，令人回味不尽，感叹人生短暂，只希望下辈子还能和你同游红尘，多些平淡，少些苦难，让我们多一些时间相依相伴。

曾几时，苦中苦，难中难，前半生，我愿意勇敢地伴你前行；回头看，尘归尘，土归土，后半生，我只想安静地陪你到老。

第五章 小凤姐的婚姻宝典

写这本书的初衷，并非想要表达和姜哥在一起的这些年我有多可怜，我只是想把我的人生给大家做一个借鉴。现今社会的离婚率一路攀升，固然存在一些社会问题，在这些外因的影响下，越来越多的婚姻出现意想不到的状况。但是我们不能以此作为借口而放弃努力，人要学会适应环境，既然知道自己生存在怎样一种社会形态中，我们就必须做些什么，让自己的婚姻壁垒更加坚实。

一个婚姻幸福的女人一定是一个优秀的心理学家，如果你能了解人性，那么拥有一个完整的婚姻对你来对根本不是难事。男人和女人之间的书籍许多人都在写，男人与女人之间的故事每天都在发生，虽然大同小异，但却有着相同的本质。为什么男人和女人相遇，会擦出多种多样的火花，有甜蜜和温暖，也有痛苦和憎恨，有原谅和包容，也有贪婪和迷恋……总而言之，因为人都是有欲望的。

男人有欲望，女人也有欲望。男人的欲望无非是金钱、权利和女人，女人的欲望则是奢侈品。不同的是，男人用下半身在思考，女人用上半身思考。当男人遇到诱惑的时候，所作所为常常并非出自本心，因此犯错误的往往都是男人。女人也会有一些不为人知的小心思，只是女人更加理智，她们知道自己不能犯错。因为男人犯错可以浪子回头金不换，女人犯错则是一失足成千古恨，所以女人比男人更加小心谨慎。

即便如此，当你的男人犯了错，你就可以置身事外吗？万万不可自欺欺人，一段失败的婚姻绝不是一个人导致的。从山盟海誓的新婚宣言，到一纸绝情的离婚协议，这其中的问题一定不止一个两个，也不是一天两天，如果你只能归结一句“性格不合”，说明你还没有发现问题的所在。

一段白头偕老的婚姻几十年，这其中会遇到的问题太多太多。这本书是我三十几年婚姻经验的总结，是我人生阅历的精华，我想通过这本书让更多的女孩子知道婚姻是如何经营的。无论你是已婚、未婚还是婚姻失败，我愿意将我的婚姻经验同你分享，希望所有的读者都能从这本书中找到一些答案，拥有一段完整的幸福婚姻。

1.会“讨好”老公的女人最聪明

很多人可以为了目前的工作绞尽脑汁地讨好上司和同事，却不愿意花点心思讨好一下要陪你走过一生的老公或者老婆。有的人认为这是一件没有意义的事情，反正我们已经结婚了，谁还会给钓上来的鱼喂饵呢？有的人认为讨好另一半会降低自己的家庭地位，所以坚决不会做于自己“不利”的事情。可是你是否想过，如今的社会竞争这般激烈，不仅仅只有工作才需要竞争，如果有一天出现了一个人比你更会“讨好”你的老公或者老婆，你还有什么竞争优势呢？尤其在婚姻中相对处于被动的女孩子来说，你有多久没有“讨好”你的老公了？

我知道并非每个女人都是天生就会“讨好”老公的，我也一样啊！但是生活这门学科远比学校里的数理化要难得多，我们要用一生去学习，一个会学习的女人才是最聪明的。

我学习的第一个对象是三位姐姐。我们最初交往的时候，姜哥住在姐姐家，令我感到意外的是，他们家并不富裕，他的生活却像一个王子。由于上晚班，他永远都可以睡到自然醒，姐姐把饭做好以后会喊他吃饭，姜哥起床迷迷糊糊刷了牙直接上桌吃饭，此时，饭桌上已摆好筷子、汤匙、一杯白水，这是姜哥多年来的用餐习惯。吃完饭姜哥回房继续睡觉，什么都不需要他做，姐姐会帮他把一切安排好。看到姐姐如何打理他的生活起居，每个细节我都记在心里，如果有一天我们要共同生活了，他的生活习惯我必须了如指掌。

这件事让我联想到我的姐姐。我从桃园来到台北读书的那几年一直住在姐姐家，姐夫家里很有钱，我们家有许多土地，算得上门当户对。可是姐姐嫁给姐夫以后，只有一味的付出，从来没有半句怨言。每天早上姐夫起床吃饭，早餐和餐具已经摆好，姐夫吃过早餐上班，姐姐送他到门口，家里的事情从来不需要姐夫操心。

同样的，我的一个干姐姐对她老公也如出一辙，不仅将老公的生活起居打理妥当，对老公也是言听计从。受到这三个姐姐的影响，我自然而然地学会了如何照顾姜哥。我的家是一个相当传统的家庭，老公是天，老婆是地，老公在外工作，老婆负责把家里打点好，相夫教子，不外如是。这就是我成长的环境，保守而传统，父亲母亲夫妻和睦，相扶相持，父亲七十六岁，母亲七十五岁，两位老人仍旧互相依偎着入睡。

和姜哥在一起以后，我开始学习如何照顾他。虽然他很会做饭，但只要我在家，我都会把一切打点好。每天早上9点多起床，我去准备早餐，准备妥当后再叫姜哥起来吃饭，餐桌上一定要有筷子、汤匙和一杯白水。下午2点到3点，准时泡咖啡或是红茶，连同点心送进房间，因为每天这个时间他都需要吃点甜品喝点咖啡。晚上12点以后一定要准备宵夜，下午茶和宵夜都在房间吃。因为男人回到家就是为了得到充分的休息，所以我的房间非常宽敞，沙发、冰箱等一应俱全，只要他需要什么，房间里都会准备。

为了让姜哥时刻都能吃上我的手艺，我在家里备了三个冰箱，只要姜哥说今天想吃什么，我的冰箱里一定有原材料，不管是甜的咸的冰的热的，只要他能说出来，我必须能做出来。这些年他在外面打拼，什么山珍海味都吃过了，回到台湾，我们尽量不去外面吃，这个时候还有什么比家常菜更合适的呢？有时候我们也会一起做菜，比如姜哥最拿手的草马面，他会亲自下厨，在此之前我一定会把所有的材料准备好。有的时候他也想不到要吃什么，我便做一些他平时最爱吃的菜色。了解丈夫的喜好，是每个女人必修的功课。

这十几年来我一直坚持做一件事情，只要姜哥告诉我飞机已经着陆，我立刻在家里准备洗澡水。他长期在外面奔波劳苦，疲惫不堪，洗澡可以有效缓解疲劳，能在热水里泡一泡最舒服不过了。我家距离机场十几分钟的车程，我是算好了时间的，只要姜哥一进门就可以洗到热水澡。十几天没见面，我也不可以让他看到我邋里邋遢的样子，我会洗得干干净净，不必刻意装扮，只涂一层淡淡的口红，以我最靓丽的一面去迎接他。

这些年，姜哥在大陆越来越忙，以他今天的名气，以及他所处的复杂环境，我也会担心他抵不住花花世界的诱惑而舍弃这个家。我无法在他身边时时叮嘱，也自知青春不再，我能做的就是通过生活中的一点一滴让他感受到，只有家里才是最贴心最舒适的。只要你回到这个家，你就是这个家的主人，外面的似锦繁华终究是一场烟云，只有家才是能让你最有依赖感的所在。我会努力营造这样一种氛围欢迎姜哥回家，让他知道，这个世上只有我才是最珍视他的人。

我一直是这样认为的，只要会“讨好”老公，他永远不会离开这个家，要留住你的先生，付出心血是必然的。如果你爱你的老公，你也不会觉得做这些事很辛苦。每个人都有一颗欢喜心，常常用这颗欢喜心去思考问题，你会有完全不同的想法和感受。你爱的人下班回家了，你不欢喜吗？看着他狼吞虎咽地吃着你做的饭菜，你不欢喜吗？听到他赞扬你今天很迷人，你不欢喜吗？想到这些，为他做什么都是快乐的。每次听到姜哥要回来的消息我都会情不自禁地欢欣鼓舞，因为我终于又可以看到我的老公了，只要他说一句“泡菜做得真好”，我的眼里心里便充满了喜悦和满足。那种快乐是由心而发的，任何一个爱过的人应该都深有体会。

现在的年轻女孩会做饭的越来越少，生活条件越来越便利，年轻人也习惯出去吃或者叫外卖。我坚持自己做菜的原因有两个，一个是真心喜欢，一个是外面的东西不卫生，而且我也相信那句老话，要想抓住男人的心就要抓住男人的胃。想来有趣，我那么会做台湾菜，偏偏找了一个韩国人。姜哥不喜欢吃台湾菜，为了他我又开始学做韩国菜，有时想想这样也不错啊，至少我现在什么菜都会做。姜哥对

“吃”很挑剔，但是他每次录影结束都会让我给他做饭，哪怕饿着肚子也不要出去吃，因为外面的东西没有我做的好吃啊！这就是女人，如果你能让一个男人时时刻刻只想吃你做的饭，那么你就成功了一大半。

有的女人说，没关系，我老公没那么挑剔，随便买点东西吃就好。你错了，没有一个男人不希望吃上老婆做的饭菜，哪怕并不美味，在男人眼里也永远是最可口的，吃进胃里永远是最舒服的。正是因为你没有什么可以做给老公吃，男人才会随便填饱肚子，因为他没有更好的选择。

借给我800万的那个好朋友后来离婚了，他们已经很有钱，她却经常让老公吃便当，因为她也在外面做生意，没有时间照顾老公。我曾经问她：“你为什么不给他做饭呢？”她说：“他在外面随便吃点就好了，我老公就喜欢吃便当。”台湾的消费很平均，贫富差距也不大，有钱人吃便当是很正常的事情，但是老婆总是让自己的老公吃便当就不太正常了。因为我们关系很好，我会有些气恼，我说：“你已经那么有钱了，为什么不在家里给老公做点饭，真是个傻女人，哪个人会喜欢吃便当啊，因为他没得选择所以只能吃便当啊！”

很多女人以为男人吃饱就好，当你站在一个男人的角度上，当你可以有所选择，可以吃好一点的时候，你还会只局限于这个最低要求吗？不要以为男人很好打发，随便填饱肚子就可以，一个女人对他有没有用心，男人心里最清楚。如果女人总是随意去敷衍老公，有一天他遇到了对他更用心的人，他会不动心吗？为什么女人宁愿闹到离婚也不肯“讨好”一下你的老公？这个结果不是任何一个女人希望看到的，可世上唯独没有后悔药，有些事情即使追悔莫及也无济于事。

正是因为我很清楚自己想要什么，所以无论做任何事、任何决定，我都会以姜哥为先，如果失去了姜哥的心，那么我的事业再成功，钱赚得再多，也只是一个可怜的女人。所以姜哥喜欢什么我就为他做些什么，我会尽我所能让姜哥开开心心地去做他喜欢做的事情，哪怕我并不喜欢。

姜哥爱打牌，最初我是十分反感的，因为打牌的事情，我还闹过一次情绪。他知道我生气了，连忙给我打电话，我一听到是他的声音立马挂断电话，接着他再打来，我又挂断，然后电话就彻底安静了。那以后我再也不敢挂他的电话，因为我知道一旦我挂断电话，他可能三五天以后才会再打过来，你知道那种等待的日子有多难熬，我相信每个女人都可以体会得到。那一次也让我明白，我不可能阻止得了姜哥打牌。

既然无法阻止，那么只能妥协。于是我也开始学打牌，谁让我爱你呢，爱你就要了解你，了解你的乐趣才能更贴近你的心，我就是要切身体会一番，你为什么那么喜欢打牌。人要学会变通，学会转换心态，如果只是一味地阻止，无论是晓之以理动之以情还是一哭二闹三上吊，通通不会有作用。最终他也只会说，我们性格不合，爱好不同，没必要继续在一起了。这可不是我想要的。如果我因此而一气之下离开他，我就应该好好反省一下，我是否真的爱他？是不是爱自己更多一点儿？为什么宁可一拍两散也要执拗到底？所以我对姜哥的态度一直都是你想做什么就去做，只要不是违法乱纪有悖道德的事情就好。

大多女人都比较讨厌男人招来一帮朋友在家里打麻将，因为他们制造的噪声和污浊的空气常常令人难以忍受，散去后杯盘狼藉的残局也要女人来打扫，所以女人本能地将男人拒之门外，于是男人只能去外面打麻将。每次姜哥出去打麻将，我都会感到格外失落，难得有一天可以休息，女人总是希望男人可以陪伴在自己身边。为了让他时时刻刻都不要离开我，我又想出一个办法。

我为姜哥和他的朋友们单独布置出一个空间，只要姜哥想打牌，我立刻帮他约牌友。每个人都喜欢到我家打麻将，因为他们找不到比我家更舒适的环境了。我的厨艺再一次帮了我一个大忙，没有人能够抵得住美食的诱惑。打麻将之前，我会将麻将桌摆好，小食酒水备好，这边一上桌，我便开始准备晚餐。到了用餐时间，我在麻将桌旁边支一张小桌子，摆上烤鱿鱼、牛肉干之类的下酒菜，姜哥和朋友们就可以边吃饭边打麻将，一边喝着小酒听着音乐，好不惬意，我敢说这是整个台湾氛围最好的牌局，还有什么地方会比在家打牌更舒服？从此，姜哥再也没有必要到外面去，他的朋友们也喜欢到我家来。每当姜哥把朋友们带回家里，我都是最开心的，因为我的周到安排永远可以得到最真诚的夸赞，对于爱面子的姜哥来说，没有什么比这更加令他满意了。其实每个男人都是爱面子的，朋友们夸奖我就是在夸奖他，虽然他从来不说，但我知道他在沾沾自喜。而我所做的也并不复杂，只不过投其所好罢了。

男人的某些嗜好对女人来说是一场浩劫，多少女人因为男人的贪玩而活在无休止的争吵之中，多少女人因为执拗不过而压抑在委屈无奈的沉默之中，为什么你会让自己陷入如此被动的境地？女人要学会“讨好”老公，并不是卑微地迎合，而是生活态度的转换。如果你永远活在抱怨和气恼中，老公只能选择远离这个令他烦恼苦闷的家，外面的世界充满新鲜与刺激，玩得高兴了，他永远都不会想要回家，一个不想回家的男人，你还凭什么留住他的心？

姜哥是个标准的山东男人，不仅喜欢打牌，还喜欢喝酒。许多女人讨厌男人喝酒，或是因为担心老公的身体健康，或是因为自己抵触酒精，因为老公喝酒而吵得翻天覆地的夫妻大有人在。我从来不拦着他，只要是破坏夫妻感情的事，我一件也不会去做。既然他喜欢和朋友们小酌，那我不妨把他的朋友们请到家里来，他在我身边我便可以安心，而男人们也不会在朋友的家里肆无忌惮。

姜哥不仅朋友遍布天下，应酬也是应接不暇，在那个年代，应酬就是男人喝酒女人倒酒，因为我在贸易公司上过班，我也会参加一些应酬，我知道这些男人应酬的方式，所以我不会拦着姜哥。我可以把姜哥的牌友约到家里打牌，也可以把姜哥的朋友请到家里喝酒，唯独应酬这件事没办法带回家里，总不能让我给他们倒酒吧？男人那么聪明，在外面应酬的漂亮女人多得是，他怎么会选择家里的这一个？我能做的就是放手让他去。

倒酒的女人通常由男人来选择，有些男人会挑选那些长得漂亮的，有些男人也会选择能说会道的，但姜哥告诉我，他有自己独特的方式。他每次都是把当天的日期相加，比如2月10日星期天，2加10加7等于19，那么就请19号小姐给他倒酒。姜哥这一点是我极为欣赏的，我非常赞同他的观点，他说，他只是找一个人倒酒，漂亮与否有什么关系。当一个男人只会以貌取人，女孩子不漂亮就再换一批，这种低级趣味的男人就不要嫁了，如果我老公是这样的人，那就是我品位太差，看走了眼。所以每次姜哥告诉我说他要去应酬，我都很放心，因为我知道我老公是一个有格调的人。

姜哥这辈子喝了太多酒，并非我不关心他的身体健康，而是在几次劝说无果之后，我明确了一件事，就像他爱打牌一样，我根本无法阻止他喝酒。既然我的规劝和阻止都是无效的，为什么还要做无用功？其实我们每个人都是这样，不管别人威逼利诱还是晓之以理，绝大多数的规劝我们都是听不进去的，只有在自己意识到问题出现的时候才会主动去做一些事。就好像你告诉一个爱吃甜食的人不要吃太多甜食，甜食吃多了容易得糖尿病，即便他懂得这个道理，也不会认为这有什么问题。只有当血糖不正常了，他才会立刻自觉地控制饮食。因为他知道这已经影响到他的身体健康，就算你逼迫他吃，他也会不为所动。

人都是这样，不要妄图以自己的意志去控制别人，尤其是女人对男人的态度，试想哪个男人喜欢和一个整天啰啰唆唆、霸道专横的女人共处，这样不但达不到你的目的，还会适得其反，让男人离你越来越远，如果因此造成夫妻之间的感情裂痕，我认为是极不值当的。拿出你的欢喜心，不要只看到一件事的负面影响，不要整天为一件事愁眉不展，每件事都可以通过心态转换看到它积极的一面。比如我常常对姜哥说："老公，我很喜欢你喝酒，因为只有你喝醉了才会说我爱你，我爱这个家。"这就是我的欢喜心。当你以另一种心态去面对它，接受它时，你会发现再大的难题也不过如此，还有什么比你和老公的幸福和睦更加重要？

学会"讨好"你的老公吧，要做到这一点并不难，一切的出发点都源自"爱"，如果爱他，你不会介意站在他的角度上思考问题；如果爱他，你不会介意放下自己的执念，包容地对待每件事；如果爱他，你不会做任何伤害彼此感情的事；如果爱他，你就对他再用心一些，让他感受到你的好、你的情。无论发生什么，不妨询问自己的心，所有的问题都可以在那份情有独钟的"爱"里找到答案。

2.男人和女人之间的“不等式”

许多年轻的女孩子都要问我：凭什么要我讨好男人，男人为什么不来讨好我？你这些思想已经过时了，现在讲求的是男女平等！

“男女平等”似乎已成为现今社会最流行的口号，成了女孩子们赖以保护自己的有力武器，无论何时何地，女孩子们动辄就要把“男女平等”搬出来。可什么是男女平等？男人和女人可以在法律范畴上的权利和义务互相对等，可以在道德范畴上彼此尊重，除此以外，男女真的可以平等吗？且不说其他，在一段婚姻里，女人的付出和男人的回报永远是一个不等式。女人比男人更忠诚，女人比男人更敏感，女人比男人需要更多的爱，所以女人注定要付出更多。也许你付出了十分，男人只回报你一分，但女人却能体会到二十分的满足和幸福，这就是女人。

几乎所有的男人和女人最终都必须走入家庭，两个在不同环境下成长的人要结合在一起很不容易，因为每个家庭的观念不同，观念的冲突就会产生矛盾，矛盾的出现就会引起争执。当前步入婚姻的一代与以往又多有不同，父母亲对小孩子宠爱有加，每个女孩都是家里的小公主，每个男生都是家中的小王子。结婚以后就会出现这种状况，为什么我在家里都是爸爸妈妈为我做饭洗衣服，现在我却要给你做饭洗衣服？为什么我在家备受宠爱，却要到你家吃苦受罪？为什么我要伺候你，而不是你来伺候我？

当你产生这些问题的时候，说明你还没有完成角色的转换，结婚之前我们都是父母家里的孩子，结婚以后则是新家庭的丈夫和妻子，夫妻本就需要互相扶持、互相照顾。只是女人更加细腻体贴，所以女人照顾男人的生活起居更为得心应手。

作为妻子的你一定不要在这些事情上要求平等，当你要求平等的时候，男人又会觉得不平等，因为他也在其他的事情上照顾着你。粗活累活、赚钱养家，这些都要男人去做，只是男人表现的机会不多而已。所以当女人满是抱怨的时候，男人也会抱怨，为什么我在外面那么辛苦地工作，绞尽脑汁讨好老板，回到家还要伺候老婆，这叫平等吗？

有的女人总是要求老公对自己这样，对自己那样，可你有没有想过你应该对老公做些什么？女人很简单，只要给她一点点她就很暖心，男人则不同，你做到一百分，他也会觉得这是你应该做的，回报你的只有二十分。所以男女永远没有办法平等，做的事情不一样，想法不一样，思维方式不一样，很多东西都不一样，完全的平等是不存在的。要如何去做，怎样去衡量，心中那把尺子的平衡点要你自己去找。

不同环境成长的两个人走到一起很不容易，你有你的习惯，我有我的个性，那么是你的个性重要还是你的老公重要？关键在于你要明确自己想要的到底是什么。如果你想和这个男人共同生活，那么就必须找到一个磨合点，我能做得到，你也不要超出底线，我们按照新的方式共同生活，两个人才能走得长久。要找到这个磨合点很难，因为人都是自我的，如果不放下自己的个性，永远以自我为中心，任何事都要对方先让步，这个磨合点就完全没办法去找。

我比较赞同婚前有至少两到三年的交往，这段时间就是所谓的磨合期，经过磨合的两个人慢慢学会如何相处，同时还可以积累比较巩固的感情基础。新婚以后，两个人第一次共同生活，最初的一段时间一定多有摩擦，难免会遇到矛盾和冲突，感情基础深厚的夫妻更容易解决问题渡过难关，感情基础不够的夫妻则十分容易闹到分手，这就是为什么会出现闪婚闪离。

我和姜哥恋爱长跑11年才结婚，自然存在诸多因素，然而最重要的原因是在对这个男人没有十足把握之前我不敢结婚。这段时间我一直在寻找我们之间的磨合点，不断地思考应该怎样努力才可以和他磨合到两个人能够好好相处。人与人不同，性格差异、成长环境的差异，许多因素都要考虑，如何才能和相爱的人相处融洽，需要靠你的智慧去摸索和调整。

这不是一块蛋糕分两半，而是两种习惯、两种个性、两种观念、两份感情，两个人的退让不可能完全对等，两个人的付出一定有多有少，可是既然你们相爱，又何必执着于“平等”二字。“愛”是什么意思？“受”字中间一颗心，老祖宗早就教给我们，爱一个人要用心去感受。既然爱他，你就可以感受得到他需要什么，你也会知道自己应该如何去做。当你找到“爱”的感觉时，你还如何忍心做伤害他的事情？克制自己的脾气，收敛自己的个性，不是一件容易的事情，但态度可以决定一切，当你决定要为他改变自己时，任何困难都无法牵绊你的脚步。

在这一点上，我深有体会，属牛的人性格本就异常执拗，自从爱上姜哥，我便不断地克制自己的“牛脾气”，为了收服姜哥的心，我无时无刻不提醒自己，不要被自己的脾气所控制，不要被自己的个性所左右。我非常明确自己要的是什么，我要姜哥的心对我不离不弃，我要同姜育恒这个男人共度一生，我要他感受到我的好，我要他在这个世界上找不到第二个像我一样的女人。既然想得到就必须付出，这是亘古不变的道理，大概因为我先生是演艺圈的人，所以我必须比别人付出更多。

我永远用心去感受他的感受，不忍心他受一点点伤，哪怕在经历了那么多以后我依然能够站在他身边，只是因为我怕没人做饭给他吃，怕他离开我会伤心难过，怕我不在他身边没有人照顾他……他喜欢打牌，我为他营造舒适的环境；他爱喝酒，我让他喝个痛快；他想要做生意，我愿意背负起全部的债务；他要还债，我愿意守住他背后的家。33年来，除了睡梦中，“姜育恒”三个字无时无刻不在我的脑海中，这么多年他已经属于我生命的一部分，与我融为一体不可分割。

所有的爱都体现在生活的细节中，哪怕只是细微的情绪波动我都能感受得到，所以每次姜哥发脾气，说对不起的永远是我。担心他生气伤身，我永远选择承受，为避免发生争执，我永远选择沉默。正是因为考虑到许多，才不想因为自己的一时冲动导致我无法承受的后果；正是因为感受到他此时的感受，才不想因为自己的一时任性留下悔恨和遗憾。所以每次姜哥生气，不管是不是我的错，我一定先说“对不起，是我错了”，同时反省自己，为什么他会有这样的反应，是我哪句话让他产生了误会，还是哪个举动令他感到不满意……等他平静下来，我们再心平气和地讨论我刚才的话是什么意思，以化解我们之间的误会。

道歉并不代表真的是我错，我只是不想我们两个的情绪继续激化。姜哥的个性是吃软不吃硬，如果我生气，他一定大发雷霆，若是我反驳一句，他便会一发不可收拾。所以每次他说“你不要再说下去了”，我一定乖乖闭嘴，这个时候无论你多么巧舌如簧多么能言善辩，任何语言都不如保持沉默。在这种情况下，女人一定要学会闭上嘴巴。只要你闭上嘴巴，就算事情不会到此为止，也绝对不会变得更糟。你若继续纠结谁对谁错，问题就会小而化大。

所以我要认错，错在不该惹你生气，而非事情的本身。事后我们回到房间，我会备点酒和小菜，同姜哥一起聊聊天，营造轻松的氛围，这个时候再向他心平气和地解释，会收到意想不到的效果。有时姜哥会因为我一句无心的话而大动肝火，那么我就会告诉他“你误会我了”。我讲那句话的真实意思是什么，并不是你想的那个样子，我们认识了这么久，你觉得我是这种人吗？女人是水，男人是钢，女人学会说软话，才能以柔克刚，我以这种方式跟他去沟通，让他知道他误会我了，本就没有谁对谁错，又何须道歉？姜哥是个聪明人，只要他能够明白我的心，我不需要他对我说任何抱歉的话。我们和每个人相处都会本能地摸清对方的脾气，以免发生矛盾和冲突，更何况这个人是你的老公，寻找适合的方式和老公相处，才能正视问题解决问题，如果只是一味地硬碰硬，吃亏的永远只会是女人。

在经营家庭这一点上，我觉得我是比较成功的。因为我懂得放弃懂得牺牲，也懂得笑看人生，不管我和姜哥之间发生过多少事，我从来不会对别人提起姜哥过往的情感问题，如果不是因为这本书，那些事情会成为我们一辈子的秘密。B小姐的事情出来以后，整个台湾都看到她刊登在报纸上的文章，朋友纷纷打电话问我这是不是真的。真的假的已经不重要，我只是淡然地告诉他们，这些只是绯闻而已。对于这种事，女人的眼光一定要看得长远，既然我已经原谅姜哥，今后我们就要携手走一辈子，如果把这件事当真了，我一辈子都不可能忘记，它在我心里将变成一个永远解不开的结。既然如此，又何必为难自己，还不如把它当成绯闻，那么它永远就只是一个绯闻。这件事早晚都会过去，我和姜哥的一辈子却很长，我不会让日后的幸福因为一件过去的小事而大打折扣。

不由得感慨，男人和女人之间果然是无法平等的，如果是一个女人出轨，那么结果将大为不同。老公会厌弃她，亲朋好友会责难她，无论走到哪里都要背负着背叛的罪名。所以女人不可以犯错，到头来受伤的只会是自己。这也是女人最悲哀的地方，无论自己犯错还是老公出轨，受伤的永远都是女人。男人和女人始终没有办法平等，这是婚姻中最基本的认知，要平等还是要幸福，女人一定要想清楚。既然你选择了幸福，那么就要放下自己的得失心，为你的老公多一些付出。

说到付出，似乎有一种苦涩的含义，可是我为姜哥做了这么多事一点儿都不觉得苦。当你真的用心爱一个人时，为他做什么都是心甘情愿的，那是一种从内而外的喜悦，怎么还会觉得苦呢？人心最为复杂，并不是每个人都能看透自己的内心，很多夫妻都是在经历一些危机以后才能意识到自己真正的所求。如果不是第一次遇到感情危机和姜哥分手三个月，我也不知道自己会受伤如此之深。爱得深伤得才深，从那一刻起，我深深地意识到我根本就离不开这个男人，从此以后我再也不想跟他说分手。

结婚之前提出分手是因为感到绝望。我认为我们之间之所以会出现这样的问题，是因为磨合点还没有找到，11年了，为什么我们用11年的时间都无法彼此融合，是不是说明我真的不适合他？他想要在外面寻求另一种感觉的时候定然是因为我哪里做得不够好，C小姐身上一定存在比我更适合他的东西，否则他为什么会去找她？如果方方面面我都做到满分，他就不会这样伤害我。在一起11年，他依然可以不顾及我的感受，以这样的方式伤害我，我猜想他恐怕是想放弃我们这段感情了。这才是最让我绝望的。

可最后我还是原谅了他，虽然内心充满矛盾，却依然选择嫁给他。一切只是因为爱，没有强烈的爱我根本做不到。我只是没有办法把这份感情割舍掉，我担心我放手以后就没有人给他做饭，我怕他痛苦，怕他难过，怕他找不到像我一样照顾他的人，我不由得担心，他以后该怎么办？所以我妥协了，对自己说算了，还是原谅他吧，看到他痛苦，我只会更痛苦，对他放任不管，我做不到。我再也不想经历那种切肤之痛，我再也无法做伤害自己又伤害他的事情，既然阿弟说分开两个人痛苦，在一起一个人痛苦，那么就让我一个人来承担，因为我舍不得，舍不得他受一点点伤。说到底，还是愿意为了他再多付出一点。

什么样的女人适合自己，一个男人比你清楚，当他在你身上敲上“合适”的印章，便会对你爱不释手，绝不会选择轻易放弃。如果你能够对他尽心周到，无微不至，他会更加视你如珠如宝。女人又何尝不是如此，我之所以不愿意放弃姜哥，正是因为他也有我可取之处。我了解他的个性，他是一个有责任感的男人，他会对我真心实意，也对这个家坚守到底。和这样的男人生活，我心中踏实，所以只要他愿意回到我身边，我也愿意相信他。

选择了就要去守护，只有一个男人在这个家里依赖你，他才能永远只属于你，那么你要做的只有比他付出更多。

记得有一年6月，我们一家人在印尼休假，姜哥和朋友出去喝酒，女儿也出门去了，我一个人在酒店的酒吧里一边喝着小酒，一边听乐队唱歌。姜哥说好那天会早一点儿回来陪我，可直到晚上12点多，乐队都下班了，我依旧没有等到他。我不想一个人待在空荡荡的房间里，这些年我已经待得够久了，于是我斜倚在电梯口的沙发上，以免和他擦肩而过。

耳机里依然放着喜欢的音乐，不知何时耳鬓被泪水打湿，这才发现，我竟然哭了。莫名的伤感，莫名的孤单，似乎这些歌写的就是我，自然而然地联想到许多。某一瞬间，我恍然大悟，不知不觉中我已经等了这个男人一辈子，我等待他工作结束，等待欢迎他回家，等待送他出门，等待他深夜的电话。姜哥是个急性子，我永远都是提前一步准备好他所需要的一切等着他，他要吃早餐，我备好早餐和餐具等他起床，他要洗澡，我放好热水等他回家，他要出门远行，我收拾好行李箱等着送他，三十几年里，无论他要做什么，我都会准备好一切等着他。

凌晨1点，姜哥终于回到酒店，我兴奋地告诉他："我今天恍然大悟，原来我这一辈子都在等你。"他一直笑，说"我知道你很辛苦"。那一刻，我忽然好羡慕他，有一个人愿意时时刻刻等待着你，你应该也能感受到一种别样的幸福吧？虽然用一辈子去等待，有辛酸也有寂寞，可回过头，却发现你等待的人正朝着你微笑，之所以任由你苦苦等待，只是因为他喜欢看你为他忙碌的背影，那一瞬间，我忽然觉得自己也好幸福。原来我得到的并不比他少，那么又何必在乎谁付出的更多？

对于我的付出，姜哥是有感受的，男人不是冷血动物，你为他做的任何一件事，他都放在心里，只是很多男人不善于表达。不得不承认，这些年他为我改变了许多。记得我们最初生活在一起的时候，为了适应姜哥的生活习惯，我也曾下过一番功夫。山东人和台湾人吃饭的习惯不同，台湾人吃饭只要一只碗和一双筷子，连小碟都不需要，山东人则一定要喝汤，所以必须准备汤匙。有一次，我忘记摆上汤匙，姜哥的倔脾气上来竟然饭也不吃了。

相濡以沫的三十几年，他正在被我慢慢感染，今天的他已经学会照顾我，包容我。以前他发起脾气才不会顾及我的感受，因为他根本不知道我会因为他发脾气而感到难过。现在虽然他还是喜欢发脾气，但每次看到我委屈的表情，他就会立刻噤声，因为他知道再讲下去会伤害到我。人的性格是最难改变的，我不奢求他变得多么温柔多么体贴，只要这一点一滴的细微变化，已经足够令我感动。

前不久姜哥在演唱会上倾情献唱《感恩的心》和《惦记这一些》，我情不自禁地闭上眼睛，脑海里浮现出许多过去的画面。想起当年姜哥一个人来到台湾时的邋遢模样，想起我们初次见面到正式交往，想起我们一起经历的坎坎坷坷，想起尘封在记忆深处的许多片段，我觉得这首《感恩的心》就是唱给我听的。演唱会结束以后，我们和乐队老师一起吃饭，屋子里反复播放着这首歌，因为喝了点酒，我的情绪有些激动，想到过去的诸多不容易，眼泪不禁夺眶而出，止也止不住。回到房间以后，头依然昏昏沉沉，躺在床上迷迷糊糊地说热，姜哥立刻去把冷气调低一度，他怕我口渴，又在我床头放了一杯水。虽然我醉着，可是在模糊的意识里他做的这些事我都知道。不禁感慨，原来在不知不觉中，他已经变化了许多，他也学会照顾我了呢！那一刻我感觉好开心，好温暖，我知道这些年的付出都是值得的。

忽然冒出一个想法，其实姜哥一直都是一个温柔体贴的人，只是因为我做得太完美，以至于姜哥没有表现的机会。于是我决定从今以后多给姜哥一些发挥的空间，让我也感受一下他对我的照顾。这样想着，心中竟喜不自禁。

其实男人不是不懂得付出，只是他们不知道该如何付出，在他们的意识里，赚钱养家就是付出，天塌下来由他来扛就是付出，只是赚钱养家是他每天都在做的事，女人已经习以为常，而且天也不经常塌下来，所以他实在没有表现的机会。看到姜哥为我所做的改变，我忽然明白一个道理，女人总是太过心急，急于收到回报往往得不偿失，放下自己的得失心，男人就会在不经意间给你一些惊喜。

如今我们已经不再年轻，姜哥依然要出去辛苦打拼，所以我们每天早上都要吃中药调理身体，我习惯了喂他吃药，没想到有一天他突然拉着我说："小凤，你过来，我来喂你。"就是这样一个小小的举动，我已经被感动得一塌糊涂。最近这几年，他开始有意识地照顾我，他知道我为他付出了三十几年，该是他回报我的时候了。

为了姜哥的身体健康，我每天早上用牛奶泡燕窝给他喝，有一天他突然发现只有他在喝，我并没有为自己准备。于是他问我："小凤你为什么不喝？"我只是随口编了个理由，我说："燕窝好贵哦，我还是不喝了。"姜哥立刻不高兴了，他说："以后我喝你也要喝，你要是不喝我也不喝了，以后不要买了！"虽然他在发脾气，可背后都是满满的爱意，如今做什么事他都会想到我，我已经没有更多所求了。

有时我也会感叹，他终于知道我对他的好了，他终于知道也要对我好一点儿了，就算是冰山也有被融化的一天，就算是石像也有被感动的一日。

每个人的付出都会有所回报，你为老公做的一切他都感受得到，他感受得到你对他的用心，也感受得到你对他的冷漠。虽然起初也会为男人的木讷而苦恼，但总有一天你会得到你想要的。只要你爱着一个人，就一定可以从他的身上看到能够令你欢喜的一面。怀揣一颗欢喜心，怀抱一颗感恩的心，用你的爱为生活注满正能量，无论当下还是未来，一切尽在你的掌握之中。

那些年，姜哥一个人在大陆奔波赚钱，女儿和爸爸见面的机会很少。所以我常常对女儿说，爸爸是天，妈妈是地，我们都要感谢可以有这样一片天，他温暖我们以阳光，滋润我们以雨露，吹拂我们以微微的风，带着我们度过每一天。虽然他不在我们身边，但他从来没离开过我们，我们爱他，他也爱着我们。我的女儿很懂事，虽然姜哥无法在她身边陪伴她成长，但我的女儿知道她的爸爸在以他的方式爱着我们。

我的女儿永远懂得感恩，她不会因为爸爸不在身边感到落寞，也不会因为爸爸无法接送她上学而感到苦恼，因为她对爸爸永远只有感恩，没有抱怨，所以她永远是快乐和幸福的。有时我们缺少的就是这份简单的快乐，因为时常忘记以感恩的心看待这个世界，若能永远保留初见时那份单纯的爱，永远对老公抱以一份真挚的感激，也许你会收获不一样的幸福。

3.男人最“怕”的女人

男人是无论如何不会怕女人的，若是真的动起手来，女人怎么拗得过男人？如果你的老公怕你，要么是出于疼爱，要么是出于反感。我身边有许多离婚的朋友，男人出问题的居多，但根源往往都在女人身上，所以每每有女性朋友向我寻求婚姻之道，我都会先问一句：你的老公“怕”你吗？如果你是以下几种女人的其中一种，那么就无怪乎婚姻会出现问题了。

第一种女人：践踏男人的尊严

我有一个朋友，是出了名的“妻管严”，起初我还想象不到，不明白为什么一个男人在提到自己女朋友的时候总是畏畏缩缩的。直到有一天，我亲眼看见他的女朋友用手指指着他，一脸厌恶地说：“你今天不要抽烟，你要是抽烟就不要碰我！”我才恍然大悟，原来如此。

我不知道该如何评价这样一个女人，我只是极其认真地对朋友说：“这个女人你不能娶，你要是娶她，我们以后就不要做朋友了。”女人讨厌男人抽烟是可以理解的，有些女人对烟味敏感，这也情有可原。可是你怎么可以指着你的男人，威胁他不许碰你？如果一个女人不懂得尊重她的男人，那么又如何得到对方的尊重？践踏了男人的尊严，还能指望他爱你吗？

男人心中都有一把尺子，如果不是你做得太过分，触及他的底线，他是不会做出越矩的事情的。当然，有一种情况另当别论，那就是你很有钱。如果他贪恋你的钱财，你可以用金钱去收买他，但是如果你想找一个可以依靠的肩膀，金钱一定买不到，反而会成为爱情消散的催化剂。夫妻的感情绝对不能建立在金钱上，尤其是一个男人需要依附女人的金钱而生存。女人有钱更容易令虚荣心膨胀，如果一个男人只会吃软饭，大多数女人都会慢慢生出嫌恶之心。

我见过许多这样的夫妻，最后往往是女人为所欲为，做任何事都不经过老公。其结果要么就是老公窝囊一辈子，低声下气地伺候女王大人，人前人后唯唯诺诺；要么就是一气之下逃离婚姻，留下一个支离破碎的家庭。无论哪种结果，女人一定受伤最深，这时候才想到应该对老公好一点儿，岂不是追悔莫及？当你对老公颐指气使的时候，就没有想过要尊重他吗？当你对他呼来喝去的时候，就没有想过是在践踏一个男人的尊严吗？只可惜，现在才后悔为时晚矣，你们再也不可能回到最初的那个家。

自古以来，中国的文化就博大精深，老祖宗早就告诉我们，天地有其道，万物皆有序，男人为乾，为天，女人是坤，为地，男人一定要顶天立地，照耀大地，女人才可以安然地孕育生命，滋养万物，这个家才能和睦融洽，健康完整。如果一个家庭里，女人的声音比男人大，事事都以女人为天，那么这个家庭则阴阳颠倒。一个男人在这种环境中压抑太久，总有一日会爆发出来。

前日看到一篇报道，说的正是这样一个男人。一个日本人，孤身来到中国无依无靠，后来娶了一个中国女子为妻，妻子是他唯一的亲人，他对妻子百依百顺，言听计从。可是由于男人在中国的事业并不顺利，妻子总是对他破口大骂，动辄拳打脚踢，最后男人终于忍无可忍，趁夜杀了妻子和儿子以后自杀身亡。

这是一个非常极端的例子，但结果却并非偶然，男人的自尊心本就极强，得不到女人的尊重也就罢了，怎么能忍受得了女人的辱骂？正是因为日本男人从小学习忍道，才会隐忍许多年。忍耐就像一枚弹簧，压得越紧，弹得越高，以至于最后走到不可收拾的地步。

我相信如果一个人可以选择幸福的生活，谁也不会愿意走上一条不归路。只可惜男人选择了最极端的解决方式，他千错万错，错不该将孩子也牵累其中。

生命如此宝贵，每个生命的消逝都令人扼腕痛惜，虽然这只是一个特例，却为我们每个人敲醒了警钟。男人视他们的尊严比生命更加重要，爱一个男人就要懂得如何维护他的尊严。男人的心也是十分脆弱的，只有用心呵护它的女人才值得男人去爱。

第二种女人：啰啰唆唆翻旧账

从古至今，无论王子贵胄还是寻常百姓，男人就怕女人啰啰唆唆没完没了，不要说男人，就连你怀胎十月的亲生儿女，也受不了你每天千篇一律的唠叨。说到这一点，女人也很委屈，自己还不都是为了老公，为了孩子，为了这个家好吗？怎么在你们眼里就变成了令人心烦的唠叨？爱唠叨是女人的本能，可是如果这种本能已经给婚姻带来了困扰，那么你就必须做出一些改变。

一个孩子出生，我们要花两年时间教他学会说话，对于女人来说，你要花一辈子的时间学会闭嘴。偶尔会有一些女性朋友哭哭啼啼地向我诉苦，原来是为了鸡毛蒜皮的事儿和老公吵架，你一句我一句，冲动之下说了不该说的话，老公大发雷霆，把老婆劈头盖脸骂了一顿。我说你这又是何苦，如果早一点儿闭嘴不就没事了吗？

在这一点上，我还是比较聪明的，无论是姜哥生气的时候，还是批评我的时候，我一定乖乖闭嘴。我不会反驳，也不会辩解，此时把他的话顶回去没有任何好处，反而会火上浇油。把姜哥激怒了对我有什么好处，只会让事情更加糟糕罢了。所以就算当下受一点儿委屈也没有关系，事后解释清楚就是，我又不会有任何损失。

只要女人学会在某些时候闭上嘴巴，男人就绝对不会对你动手动脚。正常的男人都不是天生的暴力狂，如果你没有在言语上激怒他，他也不想用暴力解决问题，更何况你是他深爱的妻子。

我的脾气原本也不是这样，但为了和姜哥好好相处，我摸索了好一阵子，如今的好脾气完全是和姜哥这么多年磨合出来的。最初和姜哥交往的时候，我就给他打上了一个标签：脾气古怪个性刚强又不合群还很难搞。和他在一起，我习惯了一边说话一边察言观色，只要观察姜哥的表情变化，就可以知道我有没有说错话。我最怕在他面前说错什么，哪怕说错一句话，他都会没完没了地批评我。但是我永远不会和他吵架，顶多感叹一声为什么，然后便默默地听他讲完一通大道理。姜哥亦是如此，每次他知道自己犯错，都会抱着枕头窝在沙发不敢出声。这似乎已经成为我们的默契。

之所以选择沉默，是因为我知道吵架只会把夫妻之间的感情吵出裂痕，姜哥也知道，既然已经犯错，就没有任何理由可以开脱，无论再讲什么都只会加深对我的伤害罢了，所以我们都不会主动激怒对方。人在情绪不受控制时才会吵架，所以吵架的时候往往会口不择言。夫妻之间最了解彼此，一旦吵架，言语的伤害常常直戳人心。一次两次无所谓，天长日久的争吵只会让两个人之间的隔阂越来越深，感情消磨殆尽便只剩下恨，所以我和姜哥从来不吵架。

除此以外，女人还要学会在男人说“不”的时候及时闭嘴。每个人都不喜欢被勉强，而女人偏偏喜欢将自己的意志强加在男人身上，也许男人可以因为爱迁就你一次两次，时间久了恐怕就会生出反感。这么多年，我从来不会勉强姜哥做任何事，姜哥个性刚强，他不愿意的事情也没有人可以勉强他。如果执意劝说，他便对我不理不睬，所幸我也不多说。懂得适可而止，才能给自己留有余地。有时我想让他陪我一起和朋友们吃饭，如果他不愿意，他会极其冷淡地问我：“我需要去吗？”然后再自问自答说：“我不想去。”笨女人才会借题发挥，开始长篇大论的质问，例如你为什么不去，是不是不重视我云云。可是这样有意义吗？即使他迫于无奈参加了我们的聚会，也只是一肚子抱怨的摆设，相信他一定没有心情参与我们的谈话，还有可能破坏我们小聚的气氛。所以我从来不会勉强他，只要他说“不”，我及时闭上嘴巴就对了。

女人在某些时候闭上嘴巴，是为了“明哲保身”，有时候则是为了给足男人面子。天下的男人没有一个不爱面子，在旁人面前，万万不可揭老公的短，或者在朋友面前当众反驳他的决定。俗话说，男主外，女主内，在外面女人永远要学会维护男人的面子，夫唱妇随鼎力支持永远是令人羡慕不已的最佳伴侣，有这样一个女人在身边，男人才会感觉自己“倍儿有面子”。哪怕男人做错了事，也不可在外人面前争执不休，批评教育不急于一时，回到家里再慢慢谈心也不迟。说到底，男人的自尊心最是需要维护，如果言语间让一个男人的自尊心受挫，那么他也只会离你越来越远。

金无足赤人无完人，每个人都会犯错，男人最怕女人对自己的错误喋喋不休，在男人犯错的时候，沉默比责怪更能赢得男人的心。我这一生中，无论姜哥犯了什么错，我从来不会对他严词斥责。一直追究他犯了什么错误是没有用的，男人只会越讲越烦，解决问题才是最重要的。当一个男人肯低声下气地向你承认错误乞求你的原谅时，你就要告诉他，老公，没有关系，处理干净回来就好。这一句抵得上千言万语，男人一定会感激你，你的婚姻只会越来越稳固。

有的女人表面上原谅了老公，心里却一直放不下，一旦矛盾激发，女人尤为喜欢翻旧账。可是你要知道，男人外表坚强，内心也有柔软的地方，男人追求在女人心目中的高大形象，任何错误都是他害怕提及的，一旦事情成为过去，他会希望将这些往事永远埋藏在心底，永远不要被提起，这是男人维护自尊心的方式。

不管男人还是女人，每个人都有自尊心，如果一个人将对方伤害到连自尊心都被剖开，那么就没有任何办法可以原谅了。不是说不能原谅你，而是不能原谅自己，不能原谅自己的自甘低贱，不能原谅自己被你伤害到这种地步还卑微地接受你。不管男人还是女人，谁都有做错事的时候，知错能改善莫大焉，若一味固执，伤了对方的自尊心，那就真的没有挽回的余地了。

可是女人偏偏喜欢把琐碎的小事放在心里，虽然当下没有说，过后却会因为某些导火索发泄出来。对于自己被翻出的旧账，男人一定是最敏感的，为了维护自己的尊严，本来理亏的他也要强辩三分。

我有一个朋友，每天和她老公吵架，我问她："你有什么好吵的，你今天吵架为的是什么，是为了理论出一个是与非吗？"她默不作声，大概从未思考过这个问题。于是我问她："你们明天还要不要在一起？如果说还要在一起，吵架多伤感情啊，你们要怎样面对彼此？如果说你们不要在一起了，那么以后你们就是陌生人，既然是陌生人，还跟他理论什么呢？"

吵架不是伤害自己就是伤害他，最令人哭笑不得的是，夫妻之间吵架往往只是为了芝麻绿豆大小的事儿，进而还会牵扯出八百年前的旧账，为了已经成为过去的事，吵得鸡飞狗跳，不得安宁，真是让人想不通。冷眼旁观的人看得最清楚，一件事的是非对错每个人心里都明白，不明白的人也只是在装糊涂，因为他要面子嘛！既然他要面子，那你就做足面子给他，你的婚姻还怎么会有问题？你把最好的都给他，让他活得舒舒服服，把他捧得像个皇帝，他自然不会想到外面去伺候别的女人。能够想到这一层，你还会和他争吵吗？男人有时就像一个孩子，你又何必同一个孩子较真，好言好语地哄一哄，他就可以对你死心塌地一心一意，这笔交易当真划算。

在我们最艰难的那些年，我一个人担起所有的债务周转，如果我感到一丝委屈，我就没有办法坚持到最后。那时我每时每刻都在想，还好有这些债务，将我和姜哥捆绑在一起，虽然我们命运多舛，可是我们却有了姜汶婷，虽然日子过得艰辛，我却得到了最坚定的爱。生活就是这样，不可能一帆风顺，抱以消极的态度，事情只会越来越糟糕，反之抱以感恩的心，你却总能发现其中的美好。学会转换心态是最重要的，聪明的女人不会被情绪掌控，不会被生活难倒，她们永远能找到解决问题的办法，只有幸福才是她们追寻的彼岸。

第三种女人：讨厌的“大茶壶”

我听人家讲过的一个比喻很有意思，男人最怕什么？男人最怕的就是“茶壶”。“茶壶”代表了一种女人，不难想象，当一个女人一手叉腰，一手指着别人的时候，真是像足了一个大茶壶。女人在做这种动作的时候，往往都伴随着无休止的指责和破口大骂，所以说男人最怕的是茶壶一样的女人。

每次看到这些有趣的言论，我都要做一些反省，想一想它说的是不是有道理，也许不经意间，自己就有过这样令人羞愧的行为，有则改之无则加勉，方能修身养性完善自己。

只要有些教养的女人通常都不会像茶壶一样对着别人破口大骂，可有时候气急了，却会对老公摆出一副茶壶的架势肆意斥责。人都是自私的，不管男人还是女人，许多人只会站在自己的立场去要求别人，为别人设定一套标准的行为准则，却从没有要求过自己。常常听到一些年轻人吵架，无非是因为女孩子认为男孩子应该为她做些什么却没有做到，一桩桩一件件列举出来，却从没有思考自己都为对方做过些什么。只要男孩子问一句，你要求我的这些你都做到了吗？女孩子一定哑口无言。

许多人喜欢用一根手指去要求别人，却从来看不到另外四根手指正指向自己，在指责别人之前，是否应该先自省一番，自己都做不到的事情又有什么资格要求别人。

如今独生子女越来越多，小孩子习惯以自我为中心，他们不懂得如何爱别人，每个孩子最爱的永远都是自己。他们看得到别人的缺点，却永远不会审视自己，一味地要求别人付出，却只想坐享其成。若夫妻两个皆是如此该怎么办？谁也不会迁就谁，谁也不去体谅谁，每天彼此指责，从不反省自己，那么婚姻注定要失败。

许多人在不经意间成了茶壶却不自知，不仅仅是女人，男人也有变身茶壶的时候，一个整天对别人挑三拣四却从不自省的人，永远得不到任何人的好感。我们从小便接受这样的教育，做人要严于律己宽以待人，但真正能做到这一点的却并不多。在一段婚姻里，更需要两个人彼此包容，修身律己，只有这样的婚姻才能走得长远。

相比男人，女人更容易苛责对方，大多数女人都是天生的完美主义者，她们本能地希望自己的老公无可挑剔。但女人要记住，凡事不可做得太满，没有必要事事追求完美，事事做到极致，如果一个女人太过锐利，男人就会望而却步。就好像一个杯子不能装太多水，装得太满，反而容易溢出来，只装七分满，即便轻轻摇上一摇，水也会乖乖待在杯子里。男人就像杯中的水，女人要学会事事留有余地，才不会超出自己的可控范围。

其实让男人“怕”的女人还有很多，比如一些女人眼高手低，对男人百般挑剔，选择老公的时候要求男人有车有房有高薪，而自己却一无所有，甚至连智慧都不太有。自以为是的女人是最笨的。换位思考，如果你是一个男人，你会娶这样的女人做老婆吗？当然，物以类聚人以群分，什么样的男人就会找什么样的女人，从一个女人的涵养足以看出一个男人的品位。

稍稍有些智慧的女人都要思考一个问题，你想要的到底是什么，是车是房是高薪，还是一个全心全意爱你的老公。钱财都是身外之物，只要这个男人是一个积极进取的人，我相信拥有自己的房子和车子只是时间的问题。相比有限的金钱来说，一生的幸福才是最可贵的。

没有一个女人的智慧是天生的，聪明的头脑不一定拥有生活的智慧。我可以将自己的婚姻经营好，和大家分享我所经历的故事，并不只是三十年的经验积累，最重要的是不断地思考和学习。还记得我们第一次分手，在我选择重新接受姜哥的那一刻便下定决心，既然改变不了你，我就改变自己。我想要和他共度一生，就必须学会如何与他相处，哪怕出现一丁点儿摩擦，我都要认真反省，我该如何处理这样的问题才能避免下一次发生冲突。我从来不会认为自己是正确的，女人总是容易陷入自以为是当中，如果妻子一味地认定夫妻矛盾都是丈夫的错，那么这段婚姻就没有希望了。于是我尝试着解决问题，从书中寻找答案也好，以别人的经验作为借鉴也罢，只要能够帮助我的，我都会去学习。

古人说，“活到老学到老”，对于婚姻更是如此，一段婚姻几十年，永远会出现令你意想不到的新问题。在我和姜哥相处的点滴岁月中，我从没有过自满，也从未有过懈怠，只要能够让我的婚姻幸福而完整，做任何事都是值得的。这也是我对所有女生的建议，一辈子只爱这一个男人，学着去善待他，学着去处理婚姻中的问题，你才能高枕无忧地享受婚姻带给你的幸福。

4.事业和家庭是一道简单的选择题

大多数男人都会把事业排在第一位，家庭排在第二位。因为对于一个男人来说，事业就是他的人生，他必须用心而投入地工作，不仅仅为了养家糊口，更是为了实现他的人生价值。

如果男人没有事业，这个家庭不会幸福，因为这个男人是不完整的，他的内心是自卑的，一个充满自卑的男人又如何能够坦然地面对妻子。没有面包的爱情大多是不堪一击的，所谓贫贱夫妻百事哀，生活的困境可以将两个人的耐心磨光，并不是每对患难夫妻都能彼此珍惜。可是只有面包没有爱情，这个男人也十分孤独，人生还是不完美的。只有两者互补，既有事业，又有家庭，男人的一生才不会有遗憾。

对于女人来说，事业和家庭往往难以抉择。一来，越来越多的女人追求自己的事业，二来，女人希望自己可以经济独立，恐怕最重要的原因是现今社会纷繁复杂，一旦男人抵不住外面的诱惑始乱终弃，自己也有立身之地。

一位年轻的朋友正在为这件事发愁，她在大陆有一份相当不错的工作，年薪几十万人民币，和她相恋十年的男友身在美国，已经拿到绿卡，男朋友几次三番向她求婚，她也想欣然接受，可是如果嫁给他就要奔赴异国他乡，离开她的家人，放弃她的工作，到一个完全陌生的国度开始新的生活，这让她踟蹰不前。

两个人要想在一起，总有一方要做出一些牺牲。三年前，她的男友曾经想放弃美国的事业回国和她一起生活，可社会环境的改变令男孩子无法适应，半年以后他又回到了美国。这次男孩子希望女孩可以为了他嫁到美国去，可是女孩在事业和婚姻的选择中迷失了方向。

如果是我，一定毫不犹豫地奔赴美国，因为在我的认知里，事业对女人的影响远没有婚姻和家庭更加重要。一个女人的事业再成功，也只会是别人眼中的女强人，女强人只是在事业上取得成功的女人，却不一定是人生的赢家。为什么大家总是觉得女强人的婚姻一定不幸福，原因很简单，想要在事业上取得成功，女人付出的一定比男人多得多，她还哪里有时间和精力顾及家庭？事业在大多数女人的生命里只是锦上添花，家庭才是决定女人一生幸福与否的关键因素。

人的眼光一定要放得长远些，眼前虽然会舍不得事业，舍不得家人，可十年二十年以后，许多事情都会发生变化。那个年纪的女人大多无心事业，家人也无法陪伴我们终生，此时能够依靠的就只有当初选择的那个男人。这位女生和她男朋友有着深厚的感情基础，她告诉我说，她能够感受得到男朋友对她的爱有多强烈。于是我更加肯定地告诉她：嫁给他，你一定会幸福，可是如果放弃这个人，重新开始一段新的恋情，就很难说还能否遇见这么好的一个男人了。

除了这个朋友，还有一些已经结婚的女人，也会在事业和家庭的问题上犯难。我的答案依然清晰，每个人在人生的不同阶段要扮演不同的角色，你在扮演什么角色你是否真的清楚？

年轻的时候，我在贸易公司做了七年销售，在做这份工作之前，我是一个闭塞而内向的人，但是为了这份工作，我必须将我落落大方的一面展现出来。我是这家公司在台北请的第一个员工，老板是我的表姐夫，公司一共有两个人，表姐做会计，我做销售。他让我到这家公司上班的第一天就对我说：“小凤，我把这间公司交给你打理，你一定要努力哦！”那是我第一次担负这样的重任，有一种备受信任的感觉，所以我一直告诉自己，你必须非常努力，才能不辜负表姐夫的期望，才能对得起自己。

公司在南部有一家工厂，台北是一个办事处，在成立这个办事处之前，公司一年的营业额是两三千万。我进来工作以后，第一年就把营业额做到上亿。不是我很能干，而是我很努力。忠孝东路、仁爱路、和平路、信义路，我的工作范围大概就是台北的这几条路。我是学会计的，但我觉得销售这份工作比较适合我，为了投入这份工作，我只有更加用心。我带着公司产品的目录和一个公文包，每天选择一条路，今天从仁爱路一段走到仁爱路四段，明天就从信义路一段走到信义路四段，只要是做实业的贸易公司我都会进去。

第一次进一家公司的时候我的手还会发抖，虽然紧张，但并不会影响我的思绪。我总是先递上名片，并不急于做任何产品的推销，而是询问贵公司是否有相关产品的业务。我的公司做的是胡椒罐、酱油罐、杯子之类的塑胶制品和家庭用品，如果有相关方面的部门，我会提出见一下该部门的负责人。我说，我有一些东西要给他。大多数人都不会拒绝一个女生如此简单的要求。

见到负责人以后我会拿出自己最诚恳的一面向他说明来意，并且留心观察对方的言行举止和性格特点。面对每个人，我都要思考，第一句话应该说什么才能赢得最大程度的信任，我该怎样做才能让他接受我为他做产品展示。那时我每天面对几百个陌生人，每时每刻都在揣摩不同的人心，这也是为什么我可以准确地判断每个人的原因。最让我骄傲的是，全台北市三万家贸易公司，我认识一万多家。

30年前，我每个月的薪水已经有2.8万元左右，姜哥一个月赚9000元，因为我的努力，我每年的年终奖都在10万以上。可是姜哥觉得不公平，他认为我的老板对我的待遇和我创造的价值不对等，所以他总是让我辞职。我辞职的那天，老板不解地问我："你为什么要嫁给他？他是个歌星，你必须隐姓埋名做他女朋友，现在工作也要为他辞掉，你确定这样做值得吗？"我笑而不语，爱一个人哪有值不值得，只有愿不愿意。

那时老板一个星期在台南，一个星期在台北，他在台南的时候我每天去见客户，累积到一定客户之后，他再来台北，由我安排一些客户跟他见面。所以我常常陪他应酬，有时候从中午开始，喝酒喝到晚上。正因为我知道应酬是怎么一回事，才会放心大胆地让姜哥去外面应酬。凡事不能只看形式，关键是姜哥内心的想法。如果他有心在外面寻欢作乐，不去应酬也还是会有很多途径，他若没有心在这方面，去到哪里他都是我的老公。

在我工作的那些年，每天都有应酬，姜哥从来都没有担心过我，我也从来没有让他担心过。因为他了解我，我不会那么做，他甚至很放心地把他要好的朋友放在我家，就是在韩国和他一起租榻榻米的男生。那个男生来我家做客，姜哥却一个人跑去出差，房子里只有我和他的朋友两个人。我有意问姜哥："你就那么放心啊？"他说："你这么挑剔的一个人根本看不上他啊！"

后来的几年，我每年的营业额是几个亿，可是我的薪水还是3万出头，年终奖也还是十几万，所以姜哥会觉得老板对我的待遇很不公平，坚持要我辞职。做到第五年，我第一次向老板提出辞职，老板说"你不可以辞职，除非小姜不让你做了"。两年以后我坦白地告诉他："姜哥不让我做下去了，他想让我去帮他姐姐经营高丽棒韩国烤肉店。"老板没办法才同意我辞职。在我离开以后，老板请了十个人才完全接替了我手中的工作。

也许继续做下去，我会是一个事业成功的女人，但辞职了，我也不觉得有任何遗憾，我的认知告诉我，我必须把心思放在经营家庭上。成功的人必须努力，努力的人不一定会成功。许多人都在努力，但不见得会成功，可是那些成功的人一定比其他人更加努力。对我来说，不管我的事业做得如何，一个幸福的家庭才是我这辈子最值得骄傲的。我也相信，我可以把事业做好，同样也可以将家庭经营得有模有样。

来到大陆这边后，我发现很多女人都在外面工作，客观原因是存在的，物价那么高，生活压力也很大，女人出去工作可以多赚一份薪水，减轻老公的压力。但我仍然坚持认为，如果老公的薪水足够养活一个家庭，那么老婆就尽量将精力放在家中吧！要知道，一个家庭必须有两个人，一个人在外面养家糊口，另一个人在家里打点妥当，这样外面赚钱的人才能没有后顾之忧。如果你的老公完全有能力养家糊口，那么女人还要坚持出去工作，我只能理解为是对金钱的追求。当然也有很多女人是为了在社会上得到认可，回到家里和老公平起平坐，那么就回到我们最初探讨的话题，男女本就无法平等，如果每个人每件事都要讲求平等，那么这个世界就不平等了。

现在的年轻人出现一种状态，夫妻两个都要出去工作，都在赚钱，都不愿为这个家付出更多。男人觉得赚钱养家不容易，女人觉得男人照顾自己是天经地义的，所以男人压力很大，女人又不懂得心疼老公。造成的结果就是现今社会离婚率居高不下。笨女人永远不知道她在做什么，想要维护一个幸福的婚姻，女人必须学会运用智慧。

如何衡量你所做的一切是否值得，只要想一想你都得到了什么便一目了然。一个老公会因为老婆赚了许多钱而肯定她，还是会因为老婆做了一手好菜而赞扬她呢？两个人的家庭并不仅仅要过上富裕的日子，这是男人应该思考的问题，女人要做的就是让你的老公每天无后顾之忧地工作，下班以后舒舒服服地休息。老公们想过怎样的日子，不妨让他们自己选择。

很多女人在担心一个问题，如果没有了工作，那么就和社会脱节了，万一有一天老公嫌弃自己，喜欢上其他女人，自己岂不是得不偿失？我想说的是，你要想让老公保持对你的爱，就必须学会为他付出，放弃工作也是一种付出，虽然你放弃了一份工作，但却有更多的精力放在你的男人身上，相比整日在外工作无暇顾及老公的感受，哪个更容易得到男人的认可？况且夫妻两个都出去工作，谁来照顾小孩子？连老公都照顾不好，哪里还有精力顾及小孩？这样的家庭，小孩子很容易出状况，不要因为只想着出去赚钱，就忽略了小孩的成长。

我和姜哥的生活就很简单，姜哥在外面工作，我在家教育小孩，虽然姜哥常常不在身边，但我要让他看到女儿的健康成长，不仅仅是身体的健康，还有心灵的健全，我绝不可以因为姜哥常年在外就让女儿有一种缺失感。当姜哥回到家，他就是这个家的主人，我喜欢给他做各种各样的美食，绝不会在他的生活上敷衍了事，我永远不要让他觉得，我老婆怎么那么懒。虽然我没有出去工作，但只要让男人感受到家庭的温暖，他也不会想要走出这个家。

如果你坚持选择事业，那么为了维持家庭的平衡，无论是事业还是家庭，你都必须付出更多。尤其要注意在事业和家庭之间完成角色的转换，工作的时候也许你是女领导，但回到家你就是一个妻子、一位母亲。当你把工作的感觉带进生活里，老公和小孩在无形中就变成了你的下属，有谁愿意整天和一个领导一起生活呢？姜哥在荧幕上是大家的偶像，在现实生活里则非常随意，平日里出门从来都是短裤拖鞋，完全看不出明星范儿。他对我说：“台上就是台上，台下就是台下，一定要分开，当你把台上那种感觉带进生活里，那种自尊心永远在作祟。”

事业和家庭之间的选择其实并不难，难在你还看不清自己的心，不知道自己想要的到底是什么，无论你最终选择了什么，请你一定不要忽略掉自己的幸福。

5.不要轻易放弃一段婚姻

一位朋友知道我在写书，便说要专程到我家向我提供一些素材。见到她的时候，我有点意外，一个30岁的年轻女人看起来像40岁。我问她出了什么事？她告诉我她正打算离婚。

她老公比她大一岁，两个人相恋三年才结婚，因为他们两个家庭条件都很一般，所以夫妻两人一直努力打拼，结婚两年，房子车子都有了，生活有了起色，男人却有了外遇，这让她十分不能接受。

我问她，为什么要离婚？

她很诧异地看着我，为什么不离婚？他已经不爱我了，何必继续生活在一起？

我告诉她，其实她走进了一个误区，这也是很多女人都容易犯的错误。只要自己的老公身边出现了其他的女人，就以为自己完全被抛弃了，从而失去了信心，激发了假想的自尊心，如果不离婚就太没有面子了。

我告诉她，有外遇并不等于不爱你了。

曾几何时，我也有过这样偏执的想法，直到身边的一个朋友家中出了变故，我才发现原来人心比我们看到的更为复杂，也更为单纯。那是一个真实的故事，也是一个令人悲伤和惋惜的故事。那个朋友已经故去多年，而她的老公由于内疚和自责再也没有续弦，并决定孤独终老以赎自己的罪孽。

这对夫妻原本十分恩爱，是我们这些朋友眼中的模范夫妻。可是有一天老婆却发现老公有了外遇，为了维持这段婚姻，她装作毫不知情，表面对老公只字不提，私下里却整日胡思乱想，心情郁闷令她日渐消瘦，以致半年后到医院做检查时发现自己已经癌症晚期。

直到这时，两个人才真正地坦诚相待，老婆心如死灰，提出和老公离婚。老公却坚决不同意，他的理由听起来让人觉得好笑，他说他爱她，从来没变过，他在外面的女人不过是为了贪图新鲜，和老婆在自己心中的位置是截然不同的，没有任何人可以取代他老婆。他以为自己的逢场作戏不会被老婆发现，一旦老婆发现，他就立刻和那个女人断绝来往，一切就都没事了。可是他从来没有想过这样做会给心爱的人带来怎样的伤害，他也不知道这段时间他的老婆承受了多大的痛苦，这个结果真的不是他想要的。

为了表明自己的态度，他很快就和那个女人断绝关系，不分昼夜地守在老婆身边。日子好像回到了过去，可谁都知道一切都回不去了。没多久，这位朋友去世了，她的老公扑在她身上号啕大哭，内疚悔恨是不可能用泪水冲刷的，过往的错误也不可能因此而抹杀。说再多也无济于事，他只有以自己的后半生继续赎罪，才能让良心稍稍得安。

其实，我并不赞同女人为了维系一段婚姻付出生命的代价，因为那个男人并不值得。我只是想说，成年人的想法有时也是十分幼稚的。可能是一时兴起，可能是聊胜于无，尤其是男人，用下半身思考的动物，他们在这方面的理性是不能以女人的标准去衡量的。他们犯的错往往并不是发自内心，之所以无法知错并立即改错，多数是因为贪婪并抱有侥幸心理，多一个女人爱自己是多么幸福的一件事，只要老婆不发现，这种日子也蛮舒心的。

但是也有一句话叫作浪子回头金不换，如果他真的不是执迷不悟，真的不是不再爱你，真的知错能改想挽回这段婚姻，那么不妨给他们一个机会。

很多女性朋友一定在想，为什么你总是站在男人的角度为他们说话？如果这样想，你就错了，作为一个女人，我更懂得女人需要的是什么。

另一个朋友，35岁离了婚，因为结婚早，女儿已经读高中了。我见过她的家人，女儿聪明漂亮，学习成绩很好，老公并不十分上进，比较安于现状，但收入可观，家里两套房子，也买了车子，朋友不再工作，安心在家里做全职太太。

离婚的原因是老公遇上了初恋女友，那个女人也是有家庭的，两个人都不想离婚再结合，因此两个家庭都被隐瞒着。直到这个朋友发现她老公的聊天记录才知道这件事，于是不管老公如何央求她还是坚持把婚离了，老公为了不让她们母女吃苦，自愿净身出户。

这个朋友一方面是咽不下这口气，一方面认为自己还年轻，再找一个比前夫更好的也未可知。而且自己也不用为温饱发愁，喜欢就出去工作，不喜欢就收收房租，依靠存款也足够供女儿读大学了。

但是，35岁的女人需要的不仅仅是温饱和女儿的贴心，还需要一个男人的关爱。于是在各种关系的帮助下，她开始相亲。所幸她的女儿十分懂事，只要妈妈喜欢的她都能接受，若是碰上个执拗的孩子，这件事就更加麻烦了。

也许这个世上的好男人有很多，但却未必适合自己，这才是最大的问题。不管任何年龄段的女人，寻找伴侣的过程都是一样的，首先有了好感才能进一步考虑家庭条件，而这两者是不可或缺的。如果不喜欢，怎么可能生活一辈子，甚至牵个手都会从心里抵触。喜欢但是条件无法满足自己，日子也不会幸福。这位朋友要找一个35至40岁的男人，这个年龄段的绝大多数男人都是有家室的，单身的本来就很少，其中妻子早亡的凤毛麟角，多半都是离婚的，从没结过婚的已经不用考虑，这样的人大多本身有问题。况且，她的条件已经非常不错，她不可能接受一个男人住在她的家里吃软饭。所以今年她已经40岁，仍旧没有找到合适的人，随着年龄的增长，要找一个合适的人只会难上加难。

听我讲到这里，开篇要离婚的朋友执拗地说自己才30岁，一定会有更多机会。我想说是的，你的确比35岁的女人年轻，但是和20岁的女孩相比呢？你认为一个30岁的单身男人会找一个同龄的女人当老婆吗？这个年龄的男人往往事业已经有了一定基础，他们为什么不去选择更年轻的女孩子呢？何况你已经离过婚了。

她沉默，我又问她，退一万步讲，有一个人接受你了，爱上你了，如果你并不爱他，你会嫁给他吗？

她很坚定地说不会，但可以尝试着去爱。

然后我问她，你这样挑剔的人，当初能够选中你老公也相当不容易吧？

她说他们相恋三年，一开始总是吵架，又重归于好，随着时间的推移，两个人彼此磨合，才确定对方就是自己想过一辈子的人。这期间他们彼此付出很多，也愿意为对方花心思，那段时光应该是最美好的。

我一直认为，婚前有三年的感情是最稳定的，因为双方已经磨合得不错了，这个时候决定对方是否能够成为一个合格的伴侣，是非常理智的判断。现代社会出现一批“闪婚”的伴侣，我相信他们决定结婚的那一刻一定是相爱的，但这种爱却不够理智，只有爱的婚姻是不够的。我们一生中可以爱上很多人，但并不是所有的爱都可以转化为责任和亲情。要知道爱情的热度不可能保持几十年甚至一辈子，之所以很多家庭能够圆满地走到最后，是因为两个人把爱情升华为亲情和责任了，做不到这一点的婚姻是不会维持长久的。所以我更加断定这个朋友和她老公是有很深的感情基础的。

我问她，他是你第一个男朋友吗？

她说，那怎么可能，但如果不是遇上错的，怎么知道他就是对的呢？

我又问她，爱上一个人很难吧？

她想了想，笑着点点头。

我不解，既然如此，你为什么不能给这个你深爱多年的人一个机会？此刻你的恨你的苦不都是因为爱得太深吗？为什么不能放下所谓的自尊心尝试着接受他，难道接受一个改过自新的人比重新爱上另一个人更难吗？

她认真思考了许久，并没有告诉我她心中的答案，却苦笑一声说，你和姜哥感情那么好，你不明白我的感受。

我忍不住笑了，我告诉她，结婚以前的事情我可以不追究，没有一纸证书，我们彼此之间还没有那样一层责任，我们都有选择的权利，所以那个时候他做了什么我都可以原谅他。结婚之后，我们对家庭各自承担一份责任和义务，如果他再做些什么，就要把握一个度了。不是很过分，我都可以原谅他，如果要伤害我的家庭和孩子，我是绝对不会允许的。

我告诉她，你不妨先做些暗示，让他明白你知道这件事了，看他怎么做。只要他是站在你这边的，一切都好说。

朋友诧异地望着我说，你怎么可以这么大度？

我说，不是我大度，而是每个女人都可以很大度，只看你愿不愿意宽容地对待你的爱人。作为一个妻子，没有任何人比你更了解你的老公，他的心到底在哪里，只有你最清楚。

现今社会充斥着各种各样的诱惑，男人抵不住诱惑可以理解，因为他们是下半身动物。用一个比较学术化的观点来说，如果没有外界的刺激，男人很可能会失去那种能力。凡事都要从正面的角度去想，既然这件事是不可避免的，为什么还要在这一点上纠缠不休，为什么不换一种态度去面对？

就说最近这十几年，姜哥大部分时间都是一个人在大陆巡演，走南闯北地开演唱会，这么长一段时间里，我怎么忍心要他为我守身如玉？我不需要知道他每天都是如何度过的，我看到的是他十几年如一日的打拼，听到的是他每晚回到酒店的晚安电话，收到的是他一条一条关心叮嘱的短信，只要知道他的心仍紧紧地系在家里，其他的一切都不再重要。

男人就像线轴那头的风筝，抓得太紧会断，抓得太松会飞，结果都不是你想要的。要拴住你的男人，维持婚姻的最佳状态，你就要学会放风筝，该紧的时候紧，该松的时候松，至于如何掌握这个尺度，还需要看个人的揣摩了，毕竟婚姻是你自己的，每对夫妻的婚姻都不完全相同，需要掌握的度也不尽相同。

我不知道这个朋友能不能听得进去我的话，但自从那次聊过以后就再也没有听说她要离婚的消息。

离婚对于每个女人来说都是不幸的，也许离开一个不负责任的男人是一种幸福，但最后吃苦的还是女人。所以我常说，如果那个男人不是错得离谱，也愿意改过自新，复婚也不失为一桩美事。然而大多数女人都做不到，因为说服不了自己的心，尤其是那些要强的女人。

我认识一个北京女孩，她老公是东北人，很大男子主义，之前她老公开了一家公司，生意做得有模有样。他们很早就认识，一起去俄罗斯留学，一起回国经营事业，在一起有十年了。她辞掉了工作，全心全意做老公的后盾，为他料理家务，为他照顾孩子，老公出去喝酒喝得再晚，她也会等老公回来。结果前几年，她老公却出轨了，她无法接受现实便提出离婚，他们的女儿归女方，她也重新在北京找了一份工作。离婚没多久，男人生意失败回来找她们，但她坚决不肯复婚。可是女儿还小，一个孩子应该拥有完整的家庭才能塑造完善的人格，但那个男人实在令人寒心，她希望我能给她一些建议。

不得不说，这个女孩自主能力很强，我猜想她应该不会回头，因为这个男人伤她太深，她会心有余悸，江山易改本性难移，有过一次出轨，难保不会有第二次。如果她今天没有离婚，我尚且可以跟她聊聊天劝她挽回这段婚姻。现在这种状况，如果是我，我也要犹豫，你飞黄腾达，我变成了被遗弃的糟糠之妻，你生意失败，又想起我们当年的许多情分，我在你眼里到底算什么？这就是女人的心态。因为她的独立自主，强烈的自尊心，她不得不担心，如果现在接受他，帮助他重整旗鼓，等到他日子好了又把我抛弃，到时我该怎么办？

一个女人会为小孩付出，不一定会为老公付出。果不其然，她倾向于把女儿养大，再寻找合适的人结婚。女人绝对有这个毅力，也许距离孩子长大成人还有十数载，也许一个女人拉扯一个孩子会异常艰辛，但作为一个母亲，只要她下定决心，就一定可以做到。等到她年近半百，她会去找一个真正爱她的人，可是下一个人在哪里，会不会出现同样的状况谁也不知道，但可以肯定的是，到那时，她的青春和时光都将不复存在。

所以我对她的建议是，如果能够说服自己，不妨尝试敞开自己的心扉，重新接受那个男人，也许他是一个知恩图报的人，从此对你死心塌地，这是最好的结局。即使有一天他再一次将你抛弃，你也没有任何损失，只不过重新回到单身的状态，不同的是，你的女儿可以在成长过程中得到一个完整的家、一份完整的爱。

也许离婚的时候，女人觉得出了一口恶气，可回过头来，所有的苦难都要女人来承担。当女人知道男人背叛了自己的时候，极少有人可以保持冷静。女人会怨恨，为什么我为你付出这么多，你还在外面找女人？可是她没有仔细想过，就算她的老公在外面找女人，也不一定会和那个女人结婚。他已经有婚姻、有家庭、有女儿，他不会轻易离开这个家，那只是一个片段而已。迈过去，那就是一道小小的沟渠，放弃这段婚姻，它就变成了永远的劫难。有时女人的想法太过单纯，宁愿自己承受所有的压力，宁愿让女儿背负不幸的童年，也不愿包容你的老公，包容你孩子的父亲。

对于大男子主义的男人，姜哥就是一个很好的例子，凡是大男子主义的男人，一定很有魄力，只要给他们一个机会，他就可以将外面的感情斩得干干净净。男人很清楚他要什么，外面的女人和家庭相比，他怎会不知道该如何抉择？

大多数男人就算出轨，心里也还是装着他的老婆。这就是男人的欲望，用老人的话来说，就是“吃着碗里的，想着锅里的”。公平来说，女人也有欲望，只是女人会用智慧去思考，我有老公，有小孩，如果走错一步，我的家就毁了。因为害怕失去这个家，因为一辈子只准备嫁给一个老公，所以女人会倾尽一生去经营这个家庭，会竭尽所能保护一个家庭的完整，这只能说明女人比男人更加理智。

换位思考，一个男人既然愿意娶你，他一定最爱你，如果他不爱你了，那么你的身上一定也存在问题。婚姻是双面的，绝对不是一个人的努力就可以支撑幸福婚姻，也不是一个人的问题就可以摧毁一段婚姻。如果一个女人每方面都能够做到无微不至，对家庭对老公对小孩都做到满分，男人才不会笨到抛下这么幸福的家去外面找另一个女人。人心都是肉长的，每个人都有善良的一面，只要是一个有良知的男人，他一定懂得爱家。所以女人要学会抓住最重要的那根线，明确什么才是重点，只要你可以做到让你的先生满意你，依赖你，那么即使他在外面感情出轨也不过是贪玩罢了，玩够了他还是要回到这个家里来。遇到问题要学会处理问题、解决问题，不要动辄一拍两散，如果不能学会处理危机，那么下一段婚姻出现了状况还是无法继续。

人在情绪的低谷时，不要做任何决定。冷静下来你才能清醒地意识到，什么才是你想要的。不妨放下心中那点执念，如果他已经将外面的感情彻底斩断，就原谅他吧！今天他能够乞求你的原谅，说明他还在乎你，一定要给他这个机会，也是给自己一个机会。人和人之间只有给予彼此机会，才能迈出下一步，当所有的路都被堵死时，就也没有任何退路了。夫妻更是如此，男人的所作所为只不过是因为欲望和贪念，这并不是原则性的错误，如果你能够给他一次机会，自己也可以重获新生。

有些女人的想法过于简单，一个男人对我不好我就再去找一个，这样想你就大错特错了。你以为下一段婚姻是那么好找的吗？你嫁给他的时候，是在你人生最美好的年华，他娶你的时候，也是在他人生最得意的阶段，哪对夫妻结婚的时候不是山盟海誓，因为彼此相爱，才会走到一起。当你走出第一段婚姻，你的年华不再，又附带一个小孩，你的一切都大打折扣，还指望能找到一个更好的吗？

经营家庭需要一生呵护，毁掉一个家庭却只需一念之间，也许在婚姻的旅途中总会遇到各种挫折，可是塞翁失马焉知非福，每一次的挫折都可以为你积累宝贵的经验，每一次冲突都可以为你敲响一次警钟，在哪里跌倒就在哪里爬起来，下一次就不会再犯同样的错误。如果你从来都不肯反省自己的错误，即便离婚也无法发现自己的问题所在，那么第二段婚姻你还是会犯错，一个不懂得检讨自己的人是不可能拥有幸福婚姻的。

有时候我也会和姜哥开玩笑，我说：“我既不漂亮，年纪也大了，外面诱惑那么多，你会想要离开我吗？”他很坚定，说绝不可能，他永远也不会走出这个家，因为他舍不得这个老婆。我相信他的话是发自肺腑的，因为一段人生，我们经历了太多太多，可是我从来没有想过要放弃这段婚姻，哪怕是在我们负债累累的时候。既然选定了一个人，就不会在乎他健康或疾病、贫穷或富贵，这就是爱人，这就是婚姻。

不要因为一丁点儿错误就轻易地放弃一段婚姻，这个惩罚太重了，也许他的确应该得到惩罚，但这种方式惩罚的又岂止他一个人？可怜的女人、无辜的孩子，都不应该被牵累其中。不如用你的执着和智慧去守护，相信幸福的婚姻能够为你带来的远比你付出的更多。

6.做一个一百分的全职太太

许多女人决定放弃工作，一心一意照顾家庭，结果却被老公抛弃，于是乎，全职太太成了现在社会上的高危“职业”，让一些想为家庭付出的女人望而却步。纵观身边的朋友，这些失败的全职太太没有一个能做到满分，许多人连及格都做不到，如果你没有摸透你的老公想要什么，又如何能做一个安枕无忧的全职太太？作为一个全职太太的成功典型，今天小凤姐就为你支几招。

第一招：不要让你的老公“怕”你

如果你是前文中让男人“害怕”的女人，那么老公为你减分就很正常了。我常常对朋友讲，你一辈子只嫁这一个老公，只爱这一个男人，这辈子只要求你对这一个男人好，你为什么做不到？他这么辛苦在外面赚钱，回来还要听你唠叨，听你数落，战战兢兢地怕你生气，这个家庭会不出状况吗？所以很多时候并不能只归咎于男人花心。我确信一点，男人花心是天生的，他们的欲望本来就比女人强烈得多，可是他绝对不会因为花心就不要家庭，不要孩子，除非女人有问题。

很多夫妻出现状况并不是单方面的，也不是因为这个时代小三太多，男人只要爱你，就绝对不会放弃你，每个男人最基本的本能都是爱家爱老婆。可是为什么还会有那么多第三者，女人要反省一下自己的原因，爱啰唆、爱吵闹、爱计较，每天因为各种小事嫌弃老公，这种婚姻怎么会幸福？所以女人在结婚之前一定要看清楚，不要因为想结婚而结婚，这种婚姻往往都不会长久。幸福的婚姻一定要以爱为基础，如果你不确定爱不爱他，那就不要嫁给他，以免将来让彼此都深陷痛苦。

第二招：夫妻之间的信任很重要

如果你不是以上几种女人，那么你是不是一个爱猜忌的女人呢？

全职太太的精力全部用在老公和孩子身上，闲暇的时候难免胡思乱想，如果你是这样一个人，那么还是劝你培养一门业余爱好吧，至少可以分散一些注意力。如果一对夫妻连彼此的信任都没有，那么这段婚姻早晚都会被猜忌所吞噬。

我和姜哥有一个默契，他不在家的时候，我从不会翻他的东西，因为这是他的隐私。平日里，他的手机响了我也从来不去接，我只会告诉他来电话了，这是尊重对方的表现。每个人都希望得到别人的尊重，更何况是最亲近的人。夫妻之间虽有肌肤之亲，也不能侵犯对方的隐私，给彼此留一点儿空间，方能在婚姻中张弛有度。

作为一个女人，永远不要猜疑对方在外面是否有异常情况，整天疑神疑鬼的女人最容易惹人反感，更何况就算你知道了又能怎么样？你打算忍气吞声还是严词质问？无论是哪种结果，都不过是徒增烦恼罢了。有时朋友会问我："你老公一个人在大陆，你不怕他旁边睡着一个女人吗？"我反问她："就算我知道了又能怎样？翻脸？分手？对于我的婚姻有什么意义？"如果我每天都在猜忌他旁边是不是睡了一个人，我也不可能睡得好，十几年的日子要我如何度过？所以我永远选择相信。男人如果要骗你，你查也查不到。就算你请了狗仔队，买一张飞机票偷偷地去突击检查，查到了又能怎样？

姜哥不在我身边的时候，我也会担心，但我从来不会胡思乱想，我只能安慰自己，我们家有太多债务需要老公背负，他必须到大陆才能赚钱还债，既然我选择了要老公在外面打拼还债，选择为了女儿的将来让老公出去工作，那么我就必须彻底放手。如果有一天因为我的放手把老公弄丢了，那也是我的命，我已经尽我所能做到最好，如果老公还是选择离开，那我便只能认命了。

但我知道姜哥不会。每个男人都会做梦，为什么只能娶一个老婆？如果能娶两个老婆三个老婆那该有多好！可是没有办法，社会体制就是这样。姜哥的爸爸倒是娶了两个老婆，但对于任何一个老婆都是不幸的。最初爸爸到了韩国，大妈留在荣成，他在韩国认识了姜哥的妈妈，巧合的是，他的妈妈也是山东荣成人。两个人还没有成亲，大妈就跟着来到韩国，所以两个老婆只能同住。也正是因为这样，姜哥的妈妈始终没有名分。大妈没有奶水，姜哥的妈妈要喂养所有的孩子。爸爸出门从来都是带着大妈，买东西也是大妈挑剩下的他们才能挑。所以姜哥很清楚大小老婆的区别，他知道他的妈妈受了很多委屈，尤其看着爸爸带着大妈出门，他的妈妈把他们送出门回过头来掉眼泪，他心里难受极了。所以姜哥对我承诺："小凤你放心，我这一辈子不会娶两个老婆。"正是有这样的前提，所以我更相信姜哥不会让我难做。

对男人放心的同时，也要让男人对你放心。男人在外面赚钱很辛苦，姜哥这十几年为了还债真的太累了，我不知道该用什么方式安慰他，帮助他，所以我只能发发信息，表达自己的心情。我常常告诉他：爸爸你辛苦了，爸爸你早点儿睡觉，爸爸你为这个家付出太多了，我和姜汶婷一定会把这个家照顾好，你不用担心我们。我只能通过短信交流，让他无时无刻不感觉到他的辛苦是值得的。所以他常常对我说："小凤，我赚钱真的是为了给你们花的，你和姜汶婷需要什么就尽量花。"一个女人听到这种话会不会很感动？所以付出真的会有回报。

有一天我和姜哥讨论为什么男女之间没有单纯的友谊。他说所有的男人接近一个女人都是有目的的。所以我身边每个异性朋友姜哥都认识，姜哥会请他们吃饭，来宣布他的"主权"。有没有危害，他看一眼就知道。我从来不会因此而生气，反而觉得这是一件极其幸福的事，因为我知道这个男人在乎我，否则他才懒得关心一个女人身边有多少异性朋友。

现在离婚的人那么多，我们可以通过那些失败的婚姻审视自己，一旦出现问题，一定要好好弥补用心经营，只要还没有走到婚姻破裂的那一步，一切就都来得及。

第三招：永远不做黄脸婆

我一直认为女人只要做到不让老公挑剔你，不让老公嫌弃你，你就成功了。

弟媳曾经对我说："二姐，你知道吗？我以前听姐夫唱歌，觉得好动听，好喜欢。后来认识了你，才发现原来你才是我心目中的偶像。"她说每次看到我，我都着装时尚，总是戴一副墨镜，拿一根香烟，那种洒脱的感觉，比姜哥还有明星范儿。无论在外工作还是在家做全职太太，我一定会将自己打扮得大方得体，绝对不做黄脸婆。

关于着装打扮，我从来不提倡奢华浪费。我是一个非常务实的人，有多少钱就做多少钱的事情，有多少钱就买多少钱的东西。我不需要别人给我，也不会虚荣到为了这些去找有钱的男人。之所以选择一些亚麻的欧洲服装，是因为我的身材偏胖，个子又比较高，欧洲的服装舒适宽大，正适合我。考虑到价格不便宜，我通常会存一笔钱以后，去一些地方购买自己喜欢的衣服。我要尽可能地将自己衬托出来，不要穷困寒酸，只要光鲜亮丽，永远让人看到我最光彩的那一面。

我一个堂哥的老婆着装总是很随意，拖鞋牛仔裙，去哪里都一样，简单得不得了。不拘小节有不拘小节的自在，我却不敢以这样一副面孔面对姜哥。每次出门我都会喷上淡淡的香水，每天要洗三次澡，因为我不想让我的先生闻到我身上有一点点异味。我喜欢做饭，身上容易沾染油烟的味道，所以每次做完饭我一定要洗澡。油烟味是属于厨房的，我永远不会把油烟带进房间，并非因为我有洁癖，我只是想让我老公觉得他老婆身上永远有一股香气。

这是一种尊重。我从十六七岁开始喷香水，这已经成为一种习惯。我觉得女人散发出来的味道一定要有淡淡的香气，绝不能在结婚以后就不注重自己的形象。但是我从来不化妆，我不想让老公感觉到卸妆前后有任何落差，真实的我才是最美的，女人连这点自信都没有怎么可以。女人可以不会化妆，但是一定不能蓬头垢面，所以我每天都要抹一层口红，口红可以让人的气色看起来更加红润，我要让自己每时每刻都精神饱满地出现在别人面前。在什么时候做什么事情，这是女人的必修功课。

姜哥每次回家之前，我一定要在家洗得干干净净，穿得漂漂亮亮，画一画口红，迎接老公回家。只要他在家我都会抹口红，有时他会问我："你又不出门为什么要抹口红？"我不去理会他，但是在家的时候会擦得淡一些，不至于让自己看起来像个黄脸婆。

这不是一个全职太太的行为准则，或许姜哥也并不在意这些，我觉得他在意不在意并不重要，这是我必须做的，我只是想呈现给老公一个精神饱满的老婆。只要老公觉得我老婆永远这么可爱这么体贴，那你就成功了。

适当的美化自己是必要的，但我并不赞同女人为了男人去做整容。有的女人为了让自己变得更加漂亮去做整形手术，以这种方式吸引老公。可是我却觉得完全没有必要。外面的世界精彩纷呈，漂亮的女人比比皆是，如果你的老公有心去找一个漂亮女人，你怎么打扮怎么整容都没有用，他的心不在你身上你便无计可施，不管你做什么都没有用。女人必须有正确的认知、适度的自信，我的自信就是姜哥走出去不可能找到一个比我更好的女人，因为不可能有一个女人能够做到我这个程度。

我常常对女儿讲，你不漂亮，妈妈也不漂亮，外在是上天赋予你的表象，美与丑是从内在散发出来的味道和气质，味道和气质是可以后天培养的，你的言谈举止表现出来的修养才会让人由衷地赞叹。我对自己的评价是不够漂亮，身材也不够好，所以我常常思考，如何做才能让我的先生留在我身边，唯一的办法就是比别人付出更多的努力，尽我所能对姜先生更加体贴，让他感觉到他离不开这个家，离不开这个人。

男人是很会比较的，有些女人第一眼看过去就令人惊艳不已，可是一开口说话却粗俗不堪，这样的女人，男人一定不会喜欢。很多人看到我的第一眼都会感到意外，他们觉得姜育恒是一个当红歌星，他的老婆应该很漂亮才对。姜哥是个聪明人，他告诉我："外在只是一瞬间的吸引，三年五年以后，吸引对方的就只有内在了，哪个女人适合做我的老婆，我不会看错。"这就是为什么有的男人会觉得我的老婆越看越美，因为女人已经用自己的行动征服了男人的心。

我最佩服的一个明星就是梁家辉，将近六十岁，出门依然牵着老婆的手，这意味着对她的一种依赖。他描述他的老婆时，曾把他老婆比作一颗钻石，他说："这是上天赐给我的最完美的一颗钻石。"他老婆和我一样不是很漂亮，但是他拍过那么多的电影，遇到过那么多漂亮的女明星都不为所动，因为他知道他要的是什么。

有时候我会问姜哥："你已经是明星了，我长得这么普通，为什么你还会选择我？"姜哥说："就是因为你长得普通啊，结婚的对象一定要长得普通才可以一直留在我身边，我是要找一个能够照顾我的人，又不是要找一个花瓶摆在家里，找一个长相普通的人可以把我照顾得很好，找个花瓶我还要每天去照顾她。"虽然有些玩笑话，我却明确了自己应该努力的方向。

对老公无微不至的照顾是一个全职太太的义务，但无论何时，女人都不能忽视自己，没有任何一个男人喜欢整天面对一个黄脸婆，他们需要的是一个老婆，而不是一个老妈。

第四招：让男人有足够的存在感

姜哥每次结束工作回到家里，只要一进门，鞋子一定是摆好的，我会满面春风地说一句：“爸爸欢迎回家。”有时候我女儿在家，我们就一边拍手一边唱歌：“我们欢迎你，我们期待你。”让姜哥觉得他回到家是受欢迎的。无论什么时候，女人一定要记得，永远用笑脸迎接你的老公。一个男人开门看到自己的老婆是用这种方式迎接自己的，哪一个男人不喜欢回家？

男人很重视自己的存在感，每次姜哥从外面回来，我都会去抱抱他，牵着他的手，让他知道，老公回来了我有多开心。睡觉的时候我也会抱着他，握住他的手，让他感受到我的体温。对我来说，老公在身边的时候充满真实感，因为这十三年姜哥都在大陆，我一个人在家只能抱着枕头睡，姜哥回来了，我才能抱着老公睡，虽然只有短短几天，却无比珍贵。他也很开心，因为他感觉到了他在我心里有多么重要。俘获老公的心并不需要你做太多事，只要一些小小的举动，两个人都会觉得格外温暖。

有的女人会因为生气或者其他原因让老公到另一个房间睡，我想问一句，是不是你已经不爱他了？既然爱他为什么要推开他？我常常对朋友说，夫妻再怎么样，老了以后也绝对不能分床睡。夫妻之间要维持一种感觉，老公和老婆之间不仅仅只有性，不能因为年纪大了，缺失了需求就没有感觉了。所有的夫妻到最后都会变成亲情，另一半是这个家不可缺少的一部分，如果一个睡楼上，一个睡楼下，这还是一个家吗？需要的时候找你，没有需要的时候分开睡，夫妻之间的感觉就变质了。当一个男人的存在感渐渐消失，他对家庭的热情也会渐渐磨灭，当他不再为你花费心思，你们的关系也会渐行渐远。

两个人共同生活，一定有热度，有温度，有热情，有亲情，这种感情是没有办法划分清楚的，这才是一个家庭，怎样维护好一个家庭是女人要努力的，而不是一个男人要努力的。男人只需要守住本分就已相当不易，女人只做到这个程度则远远不够，想要一个男人的心牢牢拴在你身上，你就必须努力做到最好。

我经常让姜哥给我打分，他总是说98分，我觉得我已经做到很好，为什么不是满分？他说一定要给我一点儿空间让我进步。那两分的空间，女人永远喜欢找寻，想要做到满分，就要更加努力。所以姜哥很聪明，他永远只说98分。我知道其实他对我已经相当满意，所以在娶我的时候他会说这是他做过的最正确的选择。

我想，我已经做到一个一百分的全职太太，也许我的先生真的认为我还差了两分，不过这些已经不再重要，只要他将一颗真心交予我，这已经是一个全职太太最大的骄傲。

撰写这本书，我鼓起极大的勇气，面对最为痛苦的过往，我发现自己再一次变得坚强。这些天，回忆起许多尘封的往事，一桩桩，一件件，令我不由得感慨万千，最终竟然只化作“感恩”二字。庆幸我和姜哥始终怀有一颗感恩的心，持有这颗心，无论男人还是女人，一定都是幸福的人。从前姜哥负债的时候，我永远不会因为做生意亏损而去责怪他，这么多年来我没有因此指责过他一次，我也从来不会质问他为什么好端端的要做生意，为什么要亏损这么多钱，如今我更不会埋怨他如果当初没有亏损那么多钱，我们会生活得有多好。自始至终我只有一句话，老公，我们必须感恩，感恩这一切发生在我们三十几岁，让我们有时间有能力去还债，这是我们的福报，如果这一切发生在我们五六十岁，那么我们才真的永远也站不起来了。

所以姜哥要在演唱会上献唱《感恩的心》，那是他的真情流露，也是他的真心告白，一字一句都发自肺腑，每个音符都充满感恩。人，真的需要一颗感恩的心，怀有感恩的心，你会看到生活在向你微笑；怀有感恩的心，你会发现苦难中也充满美好；怀有感恩的心，你会收获比别人更多的幸福；怀有感恩的心，你会发现生命中遇到的每个人都如此重要。

我要感恩我的先生，感恩他对我的好，感谢他成为我的天，给予我阳光和雨露，感谢他带给我微微的风，陪伴我每一天。

我要感谢我的女儿，感谢她在最惨淡的日子带给我们希望，感谢她给予我源源不断的勇气和力量，感谢她将我和姜哥紧紧相连，感谢她带给我完整的家庭和浓浓的亲情。

我也要感谢所有在人生道路上相逢相知的朋友，感谢你们每一次的无私帮助，感谢你们带给我的深深感动，感谢你们与我一路相伴，成为我生命中最重要的回忆。

人生的道路漫长而又短暂，看不尽世间繁华，道不尽几度沧桑，能够收获一抔真情，一辈子亦不虚此行。

第六章　小凤姐语录

——夫妻之间的感情在于细节，我从来不让姜哥看到我愁眉不展的样子。我可以一个人难过，一个人哀伤，转过头来却能够和大家嘻嘻哈哈。永远不让别人分担我的痛苦，永远只把最快乐的一面呈现给大家。每个人都喜欢看笑脸，你的老公也是一样。

——我和姜哥有一种默契，是我这些年培养出来的，我们见面或分别的时候一定要礼节性地亲吻对方。每天他回到家第一件事就是亲一下，互道晚安的时候亲一下，出门送别的时候亲一下，并不是我多么需要亲吻，而是要让我老公知道我喜欢这个样子。通过这些不经意的习惯，我能感受到他还是爱我的，如果哪一天他不亲我了，那么就有可能是因为出现了意外的状况。

——升级为母亲的女人，请你时刻保持头脑的清醒，作为一个母亲，保护孩子、爱护孩子是你的天职，但是绝对不能因为孩子而忽略你的老公。

——婚姻是一个过程，从来不会一帆风顺，你要学会遇到问题解决问题，而不是草率地放弃这段感情。给我人生最大启示的就是圣严法师的几句话：遇到问题要面对它，处理它，接受它，放下它。放下它还必须融化它，夫妻之间才有办法迈出下一步。如果你是真的爱他，原谅他的错误，接受他的过去，对你

来说都不是难事。

——夫妻会分开一定有原因，有爱就会有原谅，万万不可由爱生恨，爱得越深，当转化为恨的时候就会越深。爱和恨只在一念之间，如何永远保留爱的一面，避免感情向恨的一面转化，是你需要努力的。

——男人唯一的错就是下半身思考在作怪，一段婚姻到最后，所有的爱情都会变成亲情。儿子女儿犯了错你都能原谅，老公也是你的亲人，为什么他犯了错你就不能原谅他?